JN411374

자유란 무엇인가

벌린, 아렌트, 푸코의 자유 개념을 넘어

사이토 준이치 지음
이혜진·김수영·송미정 옮김

free do m

Isaiah Berlin, Hannah Arendt
Michel Foucault, John Rawls, Judith N. Shklar
Amartya Sen, Friedrich A. Hayek

한울
아카데미

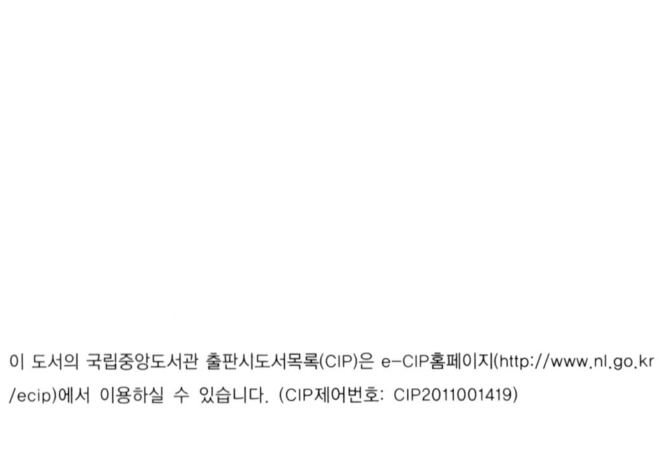

이 도서의 국립중앙도서관 출판시도서목록(CIP)은 e-CIP홈페이지(http://www.nl.go.kr/ecip)에서 이용하실 수 있습니다. (CIP제어번호: CIP2011001419)

■ 思考のフロンティア

自由

Freedom

齋藤純一
Saito Junichi

岩波書店

한국어판 서문

이 책은 한마디로, '평등한 자유'를 옹호하기 위해 쓰인 것이다. 나의 관심은 극심한 자유의 불평등한 분배 상황이 그 자체로 '자유'라는 이름하에 정당화되는 사태를 어떻게 비판할 수 있는가 하는 데 있다. 이 책이 자유를 형식적인 기회의 집합으로서가 아니라, 사람들이 현실에서 실효적으로 누릴 수 있는 기회의 집합으로 파악한 것은 이러한 문제의식에서 비롯한 것이다. 정치적 상황이 변하더라도 누구나 사회적 자원을 평등하게 향유할 수 있는 자유를 보장하기 위해서는 분배가 당연시되어야 하며, 사회는 여기에 책임이 있다고 말한 이 책의 생각에는 변함이 없다.

이 책을 쓸 무렵, 일본 사회에서 자유라는 말은 이른바 '신자유주의(neo-liberalism)'의 문맥에서 일컬어지는 경우가 많았다. '작은 정부'나 '자기 책임'이라는 레토릭이 일반적으로 유포되었던 사실뿐만 아니라, 전후 일본 사회가 과도하게 '평등'을 존중했던 것에서 향후 '자유'를 중시하는 방향으로 바뀌는 것이 더 절적하다는 지침이 정부의 문서에도 종종 나타났다.

고이즈미(小泉) 정권(2001~2006)이 추진한 '구조 개혁' 노선에 따라 고용이나 교육 등 다양한 영역에서 규제완화가 진행되고 기존의 불완전했던 사회보장이 더욱 후퇴한 결과, 일본 사회에서의 생활보장은 매우 불안정해졌으며 비정규 노동자의 증가에 따라 '워킹 푸어(Working Poor)'로 불리는 새로운 빈곤의 형태도 나타났다. 센(Amartya Sen)이 말했던 것처럼, 빈곤에는 단순한 물질적 곤궁뿐만이 아니라 기본적 자유의 '박탈'이라는 의미도 포함된다. 규제완화에 의한 자유의 '확장'은 그 이면에서 어떤 사람들의 기본적 자유의 '박탈'을 초래했다. 그것은 사람들의 희망 그 자체 — 롤스(John Rawls)의 용어를 빌리면, '삶의 전망(life prospect)' — 에 어두운 그림자를 드리우고 또 사람들의 삶의 기회를 매우 불평등한 것으로 만들었기 때문이다.

그 후 일본 사회는 사회적·경제적 격차의 확대에 민감하게 반응하면서 이전의 정책이 누구에게 어떤 자유를 주었고 누구에게 어떤 자유를 박탈했는지, 즉 자유의 불평등한 분배 상황을 비판적으로 질문하기 시작했다. 최근에는 '격차'나 '빈곤'을 키워드로 하는 책들이 잇따라 출판되면서 빈곤으로 인한 사람들의 생활의 고립화에도 관심을 기울이고 있다. 2009년 여름 일본의 정권 교체는 자민당에 의한 이익유도형(利益誘導型) 정치에 대한 환멸뿐만 아니라 생활보장의 대폭적인 후퇴와 그것이 초래한 생활의 불안에 대한 '반대'의 판단이 작용한 결과였다고 생각한다.

신자유주의 사상에 따른 자유의 이해가 상호 간의 자유를 가능케 한 것이 아니라 오히려 자유의 편재를 낳은 것은 아닌지, 그리고 무턱대고 자기 책임만을 강조한 자유의 이해는 사회 문제를 개인의 문제로 받아들이는 코드를 설정함으로써 사회의 책임을 경감하는 한편 개개인의 삶에 과잉된 짐을 부과한 것이 아닌지에 대한 반문은 이제 많은 사람들에게 공유되고 있다고 생각한다. 2009년의 리만 쇼크는 규제완화에 의한 경제 활성화(성장에 의한 파이의 확대)의 타당성에 의문을 제기하게 만든 사건으로서, 그 후 사람들의 관심은 자신의 생활에 직결된 제도나 정책으로 회귀하게 되었다.

이제 사람들 사이에 격차나 빈곤의 문제가 더욱 폭넓은 관심으로 공유되기는 했지만, 아직 평등에 대한 관심이 자유에 대한 관심과 긴밀히 결합되었다고 보기는 어렵다. 일반적으로 말해 일본의 정치 문화는 평등에 대해서는 비교적 민감하게 반응하지만, 자유가 제약되는 일에 대한 비판적 감성은 결코 풍부하다고 할 수 없다. 일찍이 토크빌(A. Tocqueville)이 지적했듯이, 평등에 대한 관심은 그 자체만으로 온화한 전제(專制)와도 연결될 수 있고 내향적 연대를 요구하는 공동체주의와도 연결될 수 있다.

일본의 정치 문화에서 자유에 대한 감각이 풍부하지 않다는 사실은, 가령 내셔널 아이덴티티를 강조하는 사조에 대한 사람들의 반응에서 간취할 수 있을 것이다. 고이즈미 정권의 뒤를 이은 아베(安倍) 정권은 신자유주의라기보다 신보수주의적 정권이었다(신보수주의는 신자유주의 정책이 야기한 사회 분열을 국민적 통합으로 메우려고 한다는 점에서 신자유주의와 상보적인 것이다). 아베 정권은 '우리나라와 향토를 사랑하는 태도'라는 문구를 삽입한 개정 교육기본법 및 헌법 개정을 위한 국민투표법을 제정하는 등 국민통합을 강화하는 일련의 제도·정책 형성을 도모했지만, 그러한 사상과 행동에 대한 정치적 이론(異論)이나 저항은 결코 활발하지 않았다. 최근에는 표현의 자유에 대한 억압을 허용한 최고재판소의 사법적 판단도 있었지만, 그 또한 일반의 관심을 끌지 못했다. 또 안전 확보를 위해서라면 감시를 강화하고, 위험 부류로 간주된 사람들의 기본적 권리를 제한해도 무방하다는 견해가 일반적으로 수용되고 있다는 사실도 부정할 수 없다.

아베 정권 이후 후쿠다(福田), 아소(麻生) 정권이 짧게 끝난 후, 2009년 여름 총선거로 민주당 정권이 탄생했다(거의 반세기에 걸친 자민당에 의한 사실상의 일당 지배는 끝났다). 민주당은 이종(異種) 혼성적인 정당이며 아직 그 입장이 명확한 것도 아니지만, 일본의 주요 정당 중에서는 사회민주주의에 가장 가까운 정당이다. 현재의 간(菅) 정권은 사회보장과 경제성장의 양립을 정책의 기본방침으로 내세우고 있다. 방대한 재정 적자와 글로벌 경쟁이라는 제약하에서 이러한 정책 이념을 실행해가는 것은 결코 쉽지 않다(영국은 현재 보수당 정권하에, 간 정권이 모델로 하고 있는 '제3의 길'에서 방향 전환을 도모하여 철저한 재정지출 삭감을 단행하고 있다). 재정 건전화와 국제경쟁력의 유지·강화라는 과제가 있기는 하지만 사회 그 자체를 지속 가능한 것으로 유지하기 위해서는 사회의 분열(격차의 확대와 빈곤의 증대)을 야기한 '평등 없는 자유'를 추구하는 노선으로 되돌아가는 것은 피해야만 한다.

이론에 있어서나 실천(정책 평가·정책 형성)에 있어서 현재 문제가 되는 것은 어떻게 '평등에 대한 문제'를 '자유에 대한 문제'에 접합할 수 있으며 또 양자를 서로 겹치게 할 수 있는가이다(아마도 이 문제는 일본의 정치 문화뿐만 아니라 한국의 정치 문화에 대해서도 적용될 수 있을 것이다). 지금까지의 역사적 경험을 보더라도 '자유 없는 평등'이나 '평등 없는 자유'로는 사회를 지속적인 것으로 유지할 수 없다. 사회통합은 일부의 성원이 아니라 모든 성원으로부터 자발적인 지지를 얻을 수 있는 규범과 제도하에서만 안정을 찾을 수 있다.

'자유 없는 평등'도 '평등 없는 자유'도 모두 회피하면서, 어떻게 '평등한 자유'를 제도로 보장해나갈 수 있을까. 롤스, 드워킨(Ronald Dworkin), 로에머(John Roemer), 스캔론(John T. Scanlon) 그리고 센 등 '평등주의적 리버럴리즘(egalitarian liberalism)' 사상가들이 탐구해온 것은 이 문제와 다르지 않다〔'평등한 자유'를 옹호하는 사상은 발리바르(Étienne Balibar), 랑시에르(Jacque Rancire) 등의 프랑스 사상가들에게서도 볼 수 있다〕. 그들에게 이 문제는 개인에 의한 선택의 자유를 중시하면서, 사회가 공정하다고 간주될 수 있는 선택적 환경을 어떻게 제도적으로 보장할 수 있는가 하는 문제로 받아들여졌다. 이러한 사고에 따르면, 공정한 것으로 간주될 수 없는 환경 — 가령, 빈곤하다는 이유로 애초부터 선택지가 제한된 환경 — 하에서 강요당한 '선택'에 대해 사회는 개인의 책임을 물을 수 없다(개인의 책임을 물을 수 있는 선택의 환경을 만드는 것은 사회의 책임이다).

공정한 선택의 환경을 제도적으로 구축하기 위해서는 생활보장과 관련된 재화의 (재)분배에 대한 재검토도 필요하다. 간단하게 말하자면, 생활보장은 단순히 다양한 리스크(risk)에 대응하는 안전망(사후 보장)의 기능을 완수하는 것뿐만 아니라, 사전의 자원 분배를 통해 사람들(특히 청년기의 사람들)이 자신의 '삶의 전망'을 (다시) 개척할 수 있게 함으로써 각자가 선택한 가치를 추구할 수 있도록 촉구하는 기능을 갖출 필요도 있는 것이다. 일부의 성원에게만 국한되지 않고 모든 성원이 자유롭게 — 타인으로부터 삶의 방법을 지도받지 않는다는 의미에서 자율적으로 — 자신의 삶을 살아갈 수 있도록 하기 위해서는 공정한 기회의 평등을 보장할 수 있는 모든 제도(사회보장·고용보장·교육 기회의 보장)가 재구축될 필요가 있다.

글로벌 경쟁에서 승리하기 위해서는 유능한 사람들에게 자원을 집중적으로 배분해야 한다는 견해는 지금도 여전히 존재하지만, 과연 어떤 사람이 유능한가를 판단할 수 있으려면 우선 모든 사람의 재능이 발휘될 수 있는 기회가 주어져야만 한다.

제도를 통해 사람들의 자율적인 삶의 방식 — 다른 사람처럼 되고 다른 사람처럼 살고 싶은 자유 — 을 가능케 하고 또 그것을 촉구하는 것은 삶의 자율성을 옹호한다는 점에서 공정할 뿐만 아니라, 다양한 잠재력을 다원적으로 유도할 수 있다는 점에서 (장기적으로 보면) 효율적인 자원 배분 차원에서도 도움이 될 것이다.

향후 사람들이 '평등한 자유'를 누릴 수 있는 모든 제도를 구축해갈 수 있을지의 여부는, 말할 필요도 없이 우리가 자신의 정치적 자유를 어떻게 행사하는가의 문제에 달려 있다(그런 의미에서 개인적 자유의 보장은 정치적 자유의 활발한 행사에 달려 있다 — 자유를 보장하는 것은 자유다 — 라고 말한 고대 로마 이래의 공화주의 사상은 현대에도 타당하다). 생활을 둘러싼 어려운 환경 속에서는 아무래도 '나만 노력하면 그만'이라는 사적인 관심으로 기울어지기 십상이다. 따라서 현재는 그러한 경향에 저항함과 동시에 공유해야 할 규범과 제도에 대한 공공적 관심을 서로 얼마나 환기할 수 있는가가 문제시된다.

마지막으로, 이 책이 '평등한 자유'의 존재 방식에 대해 심도 있게 고찰하고 또 그것을 실효적으로 보장할 수 있는 제도를 함께 구상해가는 독자들에게 조금이나마 기여할 수 있기를 바란다. 『민주적 공공성』에 이어 또 다시 한국의 독자와 만날 수 있다는 것은 저자에게 기대 이상의 큰 기쁨이다. 이 책의 번역을 위해 애써주신 이혜진, 김수영, 송미정 선생님, 그리고 이 책의 출판을 흔쾌히 맡아주신 도서출판 한울에 진심으로 감사의 말씀을 드린다.

2011년 이른 봄 런던에서

사이토 준이치

책을 시작하며

우리는 현재 자유를 어떻게 경험하고 있을까. 자유에 관한 몇 가지 '낙차(落差)'의 경험을 거론하는 것으로 이 책의 논의를 시작해보자.

첫째, 마치 무한한 선택지가 주어져 있는 것처럼 보이지만 실제로 우리 앞에 열려 있는 선택지는 매우 한정되어 있다는 '낙차'의 경험이다. 우리는 외부로부터 삶의 방식을 구속당할 정도의 강한 압력을 받는 것도 아니고, 또한 각자 스스로 삶의 길을 선택하고 자신을 실현해가는 자유로운 주체라는 점을 '자기 선택' 또는 '자기 결정'이라는 말로 자주 강조하기도 한다. 외부의 힘에 의해 중요한 선택지를 빼앗기고 있다는 식으로 현재의 상황을 표현한다는 것은 확실히 불가능하다(선택 영역에 대한 제약이 아니라 각자의 판단을 규정하는 선택 코드에 대한 제약이라고 할 수는 있겠지만). 그러나 아무리 자유로운 선택이 가능하다 할지라도 우리 앞에 있는 선택지는 그리 많지 않다. 자칭 타칭 '프리터'로 불리는 청년들 중에는 계속해서 '자유로운 노동자'로 살기를 원하는 사람도 있겠지만, 기능 형성과 무관한 저임금 노동을 계속할수록 그 / 그녀들의 선택지는 분명히 감소할 것이다. 정규직의 혜택을 받고 있는 사람들 역시 생활의 안전을 유지하려고 하는 한 그들 앞에 또 다른 삶을 다시 선택할 수 있는 자유가 무한히 열려 있는 것은 아니다.

선택의 자유를 방해하는 외적 장애가 존재하지 않는다면, 각각의 개인에게 열려 있는 선택의 폭은 개인의 능력이나 노력 또는 리스크를 감당할 만한 깜냥과 같은 개인의 문제로 환원되기 쉽다. 자유로운 선택의 주체로 표현되는 개인들이 실제로 부자유를 경험할지라도 그 부자유는 어디까지나 개인적인 것이지 공공적인 문제로 인식되기는 어려운 것이다.

우리가 자유에 대해 경험하고 있는 두 번째의 '낙차'는 사람들이 현실적으로 누릴 수 있는 자유 사이에 발생하는 커다란 간극이다. 사회와 사회 사이에 존재하는 자유의 '낙차'에 대해서는 새삼 말할 필요도 없을 것이다. 우리 대부분은 심각한 기아나

전염병의 위협에 노출된 것도 아니고, 국가나 다른 집단의 노골적인 폭력에 직면해 있는 것도 아니다. 노골적인 언론통제하에 있는 것도 아니고, 이동의 자유를 방해받고 있는 것도 아니다. 그러나 그러한 '성내평화(城內平和)' 밖으로 조금만 눈을 돌리면, 우리가 당연히 누리고 있는 자유를 꿈조차 꿀 수 없는 것으로 아예 단념할 수밖에 없는 수많은 사람들의 모습이 시야에 들어온다. 그중에는 국민의 '자유'를 수호한다는 명목하에 수행되는 전쟁이 야기한 폭력과 죽음의 공포를 매일 경험하고 있는 사람들의 모습도 있을 것이다(미디어가 어느 정도 탈-영역화하여 여과해서 보여주지 않는 한, 이러한 '낙차'의 경험은 이미 일상적인 것이 되었다).

자유를 누리는 데 있어서의 '낙차'는 물론 우리 사회에도 존재한다. 게다가 최근 경제적·사회적 격차가 확대됨에 따라 확실히 그 '낙차'는 더욱 커지고 있다. 19세기 중반, 영국의 두 저술가는 마치 약속이라도 한 듯 '두 개의 국민'이라는 표현을 사용했다.[1] 그것은 하나의 사회가 '하나의 국민'이라고 할 수 없을 정도로 생활수준과 생활양식을 달리하는 두 개의 사회계층으로 분리된 상황에 – 각각 다른 의도를 갖고 – 사람들의 시선을 돌리게 하기 위함이었다. 최근 인구에 회자되기 시작한 '승자그

룹(勝ち組)', '패자그룹(負け組)' — 또는 '3분의 2 사회, '3분의 1 사회'나 'A팀', 'B팀' — 이라는 표현 또한 이와 마찬가지로 사회의 분리를 보여주는 용어일 것이다. 자유가 사람들이 실제로 누릴 수 있는 것을 의미한다면, 그것은 항상 자원의 뒷받침을 필요로 한다. 물적 자원(가령, 수입이나 자산)의 격차는 당연히 사람들이 실제로 누릴 수 있는 자유의 격차로 나타날 수밖에 없다. 고용보장과 사회보장의 후퇴는 그 이전에 획득할 수 있었던 자원의 축소를 가져왔고, 그로 인해 지금까지 누려온 자유를 상실하기 시작한 사람들도 적지 않다.

이러한 자유의 '낙차'에도 불구하고 부자유는 공공의 문제로 진지하게 인식되지 않고 있다. 이것은 어떤 사람이 'B팀'으로 전락했다 하더라도 그것은 그 또는 그녀의 '자기 책임'이라는 논리가 여전히 통용되고 있기 때문이다. 이 논리에 따르면, 자신이 현재 얼마만큼의 자유를 누릴 수 있는가에 대한 문제는 자신이 어떤 노력을 거듭했으며 얼마나 용의주도하게 자신이 가야 할 길을 선택해왔는가를 반영하는 것이 된다.

자유에 관한 세 번째 '낙차'는 무엇을 자유의 제약·박탈로 인식하느냐의 문제, 즉 실감(sensibility)의 '낙차'다. 물론 이 '낙차'에는 사회계층 간의 격차가 반영되어 있다. 라스키(Harold J.

Laski)는 『근대국가의 자유(Liberty in the Modern State)』에서 다음과 같이 말했다. "현저한 차이(remoteness)가 존재할 때, 소수는 자신의 특권이 침해되지 않을까 전전긍긍할 것이고 다수는 가진 자를 시기할 것이다. 이것은 사는 방식이 다르면 사고방식도 다르다는 것을 가리키는 것이 아니라, 다른 방식으로 사는 사람들은 서로 완전히 대립적인 사고방식을 갖는다는 것을 의미한다."[2] 경제활동에서 더 많은 자유를 원하는 사람들이 느끼는 부자유와 사회보장 수급액의 감소(또는 자기 부담의 도입이나 증액)로 인해 '이동의 자유'를 제약당하는 — 장애인 시설은 대부분 교통이 좋지 않은 곳에 위치해 있다 — 사람들이 느끼는 부자유 사이에는 큰 차이가 존재하는 것이다.

무엇을 자신의 자유를 제약하는 것으로 받아들이는가에 관한 '낙차'는 사회계층의 격차만을 반영하는 것이 아니다. 노마 필드(Norma Field)는 "'관계없다'는 태도에 의거한 아이덴티티"가 이 사회에 만연해 있다는 우려를 표명했다.[3] '타인이나 사회와 관계 맺기를 거부'하는 자세는, 가령 히노마루(日の丸), 기미가요(君が代)의 강제가 초래한 표현의 부자유를, 그리고 이 사회에 정주하고 있음에도 국적이 다르다는 이유로 관리직에 취직할 수 없는 취업 선택의 부자유를 자기 자신의 자유와 '관계된'

것으로 받아들이지 않는다(뒤에서 언급하겠지만, '질서'를 교란하는 타자의 행동에 과잉 관심을 갖는 경우도 있는데, 이것은 자신과 그 타자 사이에 관계를 형성하려는 것이 아니라 오히려 그것을 제거하려는 욕망에서 비롯된 것이다). 이 경우에도 부자유의 경험은 '그/그녀들'의 문제로 분리될 뿐 공공의 문제로 수용되는 일은 거의 없다. 실제로 타자가 경험하는 자유의 박탈이 사회의 존재 방식에 어느 정도 심각한 영향을 미치더라도 자기와는 '관계없는' 문제로 처리되는 것이다.

지금까지 열려 있는 것으로 간주된 선택지와 그것을 실현하는 구체적인 힘의 '낙차', 사회와 사회계층 사이에서 사람들이 실제로 누리는 자유의 '낙차', 그리고 사람들이 무엇을 자유의 제약이나 박탈로 간주하느냐 하는 실감의 '낙차'에 대해 언급했다. 이러한 '낙차'를 완전히 메운다는 것은 불가능할지라도, 이러한 몇 가지의 '낙차'가 착종된 가운데 사람들이 현재 경험하는 자유의 제약이나 박탈을 사적인 문제가 아닌 우리 '사이〔間〕'에 존재하는 ― 나에게도 '관계된' ― 공적인 문제로 재수용하는 것은 가능하다. 이 책은 '자유'란 무엇인가를 개인의 문제로 확정하는 사상이나 행동에 대항하여 그것을 우리 '사이'에 있는 공공의 문제로 재인식하기 위한 시도이다.

지금까지 많은 사람들이 느껴온 것처럼 자유라는 개념만큼이나 다의적이고 만사형통인 용어도 없다. "자유라는 이름하에 자유가 부정되고 있다"라는 말도 이제는 상투어가 되었으며, 서로 대립하는 쌍방이 이를 편의대로 사용하고 있을 뿐이다. 쓸데없는 혼란을 피하기 위해 이 책이 자유의 개념을 어떻게 이해하고 있는가를 미리 개략적으로 제시해두겠다.

자유란 사람들이 자기 / 타자 / 사회의 자원을 이용하여 달성·향유할 만한 가치가 있다고 스스로 판단한 것을 달성·향유할 수 있는 것을 의미한다. 단, 타자의 동일한 자유와 양립하는 한에서 그 자유는 옹호된다.

이것이 이 책에서 말하는 자유의 기본적 정의다. 너무 기술적(記述的)으로 느껴질 수도 있으니 그 규범적 함의를 분명히 해두겠다.

첫째, '자원'에는 재화나 서비스 등의 외적(다른 곳으로 이전할 수 있는) 자원뿐만 아니라 개인의 심신 능력과 같은 내적(다른 곳으로 이전할 수 없는) 자원도 포함된다. 예를 들면, 다리가 불편하거나 눈이 보이지 않는 장애는 내적 자원의 결여를 의미하지만,

오늘날에는 그 자체가 '부자유'를 의미하지는 않는다. 그러한 내적 자원의 제약을 지닌 사람들도 휠체어나 점자(點字)·음성 번역과 같은 외적 자원을 획득할 수만 있다면 내적 자원의 부족을 보완하여 가고 싶은 곳으로 이동할 수 있고 읽고 싶은 글을 읽을 수 있는 자유를 누릴 수 있다. 휠체어가 없다거나 그것을 밀어줄 사람이 없어서 이동할 수 없는 경우, 점자 또는 음성 번역이 없어서 글을 읽을 수 없는 경우, 그러한 — 마땅히 얻어야 할 자원을 얻을 수 없는 — 상태는 부자유라고 할 수 있다. 이동할 수 있거나 글을 읽을 수 있는 자유는 자유 중에서도 가장 기본적인 것에 속하는데, 어떤 부류의 사람들은 타자나 사회가 자원을 이전하지 않으면 처음부터 그 자유를 누릴 수 없다.

여기에서 정의하는 '자원'에는 내적 자원과 외적 자원뿐만이 아니라 제도적 자원도 포함된다. 가장 중요한 제도적 자원은 말할 것도 없이 헌법에 의해 보장되는 각종 권리인데, 여기에는 '사상과 표현의 자유', '양심과 종교의 자유', '출판의 자유', '학문의 자유', '통신의 자유', '집회와 결사의 자유', '신체의 자유', '이동의 자유', '직업 선택의 자유', '국적 이탈의 자유' 등 이른바 자유권뿐만이 아니라 참정권과 사회권도 포함된다. 우리가 국가정책을 비판하는 자유를 누릴 수 있는 것은 언론·

표현의 자유를 권리로 옹호하는 법이 뒷받침되고 있기 때문이며, 구체적인 타자의 호의에 의존하지 않고 '건강하고 문화적인 최저한도의 생활' — 생활보호의 실태가 그 척도를 충족시키고 있는가의 여부는 차치하고 — 의 자유를 누릴 수 있는 것 또한 그것을 권리로 인정하는 법의 보장이 있기 때문이다. 오해를 피하기 위해 덧붙이자면, 헌법과 같은 법이 정한 권리는 우리가 누릴 수 있는 자유 그 자체를 의미하는 것이 아니다. '직업 선택의 자유'는 어디까지나 제도상의 기회 보장일 뿐이지 노동시장에서 그 사람의 노동력이나 기능을 필요로 하지 않는 경우에는 현실적으로 누릴 수 없는 자유다.

둘째, 이 정의에서 자유란 스스로 바람직하다고 생각하는 가치를 '달성·향유할 수 있다는 것'을 의미하는 것으로, 사람들이 (내적 / 외적 / 제도적) 자원의 결여로 인해 그것을 달성·향유할 수 없는 상태라면 그것은 당연히 자유롭지 못한 것이다. "행위자가 외적 환경이나 내적 상황으로 인해 자신이 원하는 바를 성취할 능력이 결여되었다면 그는 이미 자유롭다고 말할 수 없다."[4]

이러한 정의에는 자신이 원하는 것을 스스로 달성한다는 능동성뿐만 아니라 자신이 바라는 상태를 누릴 수 있다는 수동성도 포함되어 있다. 예를 들면, '굶주림으로부터의 자유', '검열로부터의 자유', '말라리아로부터의 자유'(A. 센)라는 표현에서 자유라는 말은 향유할 만한 가치가 있는 바람직한 상태를 가리키는데, 이러한 상태는 반드시 우리 자신의 활동에 의한 능동성으로 달성될 필요는 없다. 정부의 활동에 의해 '굶주림으로부터의 자유'가 달성되었다 하더라도 우리는 그 자유를 누릴 수 있고, 이전 시대 사람들의 활동에 의해 '검열로부터의 자유'가 실현되어 제도로 정착되었다 하더라도 우리는 그 자유를 누릴 수 있다. 자기 스스로 무언가를 성취하는 것만이 자유라는 협소한 자유관에 빠질 필요는 없는 것이다.[5]

셋째, 이러한 정의가 '달성·향유할 수 있는' 자유의 적극적인 의미를 특별히 강조하는 것처럼 보일 수도 있겠지만, 여기에 타자(국가를 포함한)에 의한 간섭의 부재라는 소극적 의미가 배제되어 있는 것은 아니다. '달성·향유할 수 있다'라는 말에는 '외부로부터의 간섭을 배제한다'라는 뜻도 포함되어 있기 때문에, 타자에 의한 강제와 간섭으로 인해 자신이 원하는 바를 달성·향유할 수 없다면 사람들은 자유를 누릴 수 없다. 뒤에서 자세히 검토하겠지만, 외부로부터의 '간섭의 부재'가 자유의 정의로 충분하지는 않아도 이것은 많은 경우 우리가 자유를 누리는 데 필요한 필수조건이다.

넷째, '달성·향유할 만한 가치가 있다고 스스로 판단한다'는 말의 함의에 대해서도 언급해두겠다. 이 말은 어떤 사람의 판단·선택이 가능한 조건, 즉 복수(複數)의 선택지가 열려 있고 그 선택지 속에 그 사람이 달성·향유할 만한 가치가 있다고 생각한 것이 포함된다는 것을 전제로 한다. 달리 선택의 여지가 없는 경우, 혹은 그 사람이 피하고 싶은 선택지만 열려 있는 경우 — 'Money or Life', '초과노동 아니면 해고' 등 — 에는 그 사람의 '선택'을 자유로운 선택이나 '합리적인 선택'이라고 할 수 없을 것이다. 자신이 원하지 않는 것을 '선택'할 수밖에 없는 상태란 당연히 회피해야만 할 부자유한 상태이기 때문이다.

'스스로 판단한다'라는 것은 '타자의 의사에 복종하지 않는다'라는 의미로서, 이 또한 자유를 누리기 위한 필수조건이다. 단, 가치를 평가하고 선택을 행하는 '자기(自己)' 그 자체가 어떻게 자유로울 수 있는가는 또 다른 문제로서, 이 점에 대해서는 본론에서 검토하겠다. 거기서 '자기 결정'에서의 '자기'란 미리 결정된 것이 아니라는 점이 밝혀질 것이다.

마지막으로, '타자의 동일한 자유와 양립하는 한에서'라는 단서에 대한 문제다. 어떤 사람들이 누리는 자유가 다른 사람들에게 부자유를 강요함으로써 가능해진다는 것은 새삼 지적할 필요도 없을 것이다. 어떤 사람의 자유와 타자의 부자유 사이에서 항상 명확한 인과관계를 찾는다는 것이 쉬운 일은 아니지만, 어떤 자유의 제약이 부당(혹은 정당)한 것인가에 대한 일정한 기준을 공유할 수는 있을 것이다. 물론 그 기준도 결코 고정된 것은 아니다. 우리가 무엇을 경험해서는 안 될 부자유로 해석하는가에 대해서는 공공의 논의를 통해 수정될 수 있는 것이다.

제1부 '자유 개념의 재검토'에서는 먼저 근대의 사상가들이 '자유에 대한 위협'을 어떻게 파악해왔는가를 개관한 뒤, 현대에는 무엇을 자유에 대한 위협으로 간주해야 할 것인가에 대해 검토할 것이다. 이어서 지금까지 벌린(Isaiah Berlin)의 '소극적 자유'의 개념에 대해 제기된 비판을 검토하면서 자유에 대한 제약이나 박탈을 적절히 문제화할 수 있는 자유 개념의 윤곽을 그려보고자 한다.

'자유의 옹호'를 주제로 한 제2부에서는 자유를 두 가지의 차원 — 공약적 차원과 비공약적 차원 — 으로 분절화하여 각각의 차원에서 자유가 어떻게 옹호되어야 하는지를 고찰하고, 나아가 자기 통치, 안전이라는 주제와 연계하여 현대 사회에서 자유를 옹호한다는 것의 의미를 검토할 것이다. 마지막으로, 자유와 공공성의 관계를 거론함으로써 왜 타자의 자유를 옹호해야 하는지, 그리고 그것을 옹호하는 우리의 책임은 무엇인지를 재고해볼 것이다.

차 례

제2부 자유의 옹호

제1부

자유 개념의 재검토

free

Isaiah Berlin, Hannah Arendt
Michel Foucault, John Rawls, Judith N. Shklar
Amartya Sen, Friedrich A. Hayek

do

m

제1장 자유에 대한 위협

1. 근대에서의 자유에 대한 위협

이사야 벌린(Isaiah Berlin)은 '간섭의 부재'로 정의된 소극적 자유를 절대적으로 옹호한 것으로 잘 알려져 있다. 하지만 흥미롭게도 그는 어떤 자유를 옹호할 것인가에 대한 문제는 우리의 삶이 어떤 위협에 노출된 것으로 보는가에 따라 달라진다는 점, 즉 자유의 옹호가 역사적 문맥을 띤다는 관점을 취하고 있다.

사회입법과 사회계획, 복지국가와 사회주의를 옹호하는 입장은 소극적 자유의 요구에 대한 고려를 그의 형제 격인 적극적 자유의 요구에 대한 고찰과 동일한 정도로 타당하게 기초 지을 수 있다. 역사적으로 전자에 의한 것이 적었던 것은 소극적 자유의 개념을 무기로 맞서야만 하는 적(敵)이 자유방임주의(laissez-faire)가 아닌 전제(專制, despotism)였기 때문이다. 이 두 개념이 성쇠(盛衰)하는 원인은 대체로 일정한 시점에서 어떤 집단이나 사회를 위협하는 특정한 위험에서 찾을 수 있다. 통제와 간섭이 도를 넘으면 소극적 자유의 개념이 우세해지고, 거꾸로 방임적 시장경제가 위세를 떨치면 적극적 자유의 개념이 우세해지는 것이다. 두 개념 모두, 본래 그것을 억압하기 위해 창출된 해악으로 전화(轉化)해가는 경향이 있는 것 같다. 그런데 현재는 리버럴한 초개인주의(liberal ultra-individualism)가 우세하다고 할 수 없는데도, 적극적 자유의 레토릭은 왜곡된 형태로나마 훨씬 뚜렷하며 보다 넓은 자유라는 이름하에 전제의 방패라는 (자본주의 사회에서도, 반자본주의 사회에서도) 그 역사적 역할을 이어가고 있다.[1]

인용에서 볼 수 있듯이, 벌린은 소극적 자유의 옹호를 '전제', 즉 정치적 권력의 과잉 / 남용이라는 자신의 시대 인식을 토대로 하여 자리매김하고 있다. 「자유의 두 개념(Two Concepts of Liberty)」은 1958년에 쓴 것인데, 여기서 그가 염두에 둔 '전제'란 나치즘 및 스탈린주의라는, 여전히 생생한 기억으로 남아 있는 당시의 전체주의 경험이다. 다른 한편 그는 시장경제는 전혀 방임적이지 않고, 그렇다고 해서 '리버럴한 초개인주의'가 우세한 것도 아니라는 인식을 갖고 있었다. 그가 21세기 초의 세계 양상을 보고 무엇을 자유의 적으로 간주했을까는 흥미를 불러일으키는 문제다. 그렇다면 과연 우리는 무엇을 현재의 삶을 위협하는 것으로 파악해야 하는 것일까.

이 문제를 고찰하기에 앞서, 우선 근대의 사상가들은 무엇을 자유에 대한 위협으로 인식했으며 그것에 대항하기 위해 어떤 자유 개념을 옹호해왔는지를 간단히 살펴보고자 한다. 여기에서의 관심은 사상사적 맥락의 고찰에 있는 것이 아니라 근대에는 무엇을 자유의 적으로 파악했는가를 도식적으로 정리하는 데 있다(이후 자유에 대한 위협으로 거론된 것은 '타자', '국가', '사회', '시장', '공동체'다).

먼저 17세기 영국 — 이 시대의 영국은 종파 간에 격렬한 항쟁이 지속되는 내전 상태에 있었다 — 의 두 사상가 홉스(Thomas Hobbes)와 로크(John Locke)는 무엇이 자유를 위협한다고 생각했을까. 홉스는 기존의 사상적 전통에 대항하면서 자유를 "외적 장애의 부재(the absence of external impediments)"[2]로 재정의했다. 이때 자유를 방해하는 '외적 장애'란 사회적으로는 타자가 자신의 생명에 가하는 폭력을 의미했다. 사람들이 리바이어던(Leviathan)이라는 세상의 유일무이한 절대 권력을 수립한 것은 자신의 생명에 위협을 끼치는 타자의 폭력, 그리고 그러한 폭력(죽음)에 대한 공포로부터 탈출하기 위해서이다. 리바이어던의 사명은 '만인의 만인에 대한 투쟁'으로 형용되는 잠재적 폭력상태에 종지부를 찍고 사람들에게 '공포로부터의 자유'를 준다는 데 있다. 홉스에게 있어 자유에 대한 최대의 위협은 폭력으로 자신의 생명을 위협하는 '타자'였다.

로크에게 있어 자유에 대한 최대의 위협은 '타자'와 '국가'였다. 정부의 사명은 타자의 침해로부터 사람들의 '자산(property)' — 협의의 자산, 즉 재산뿐만이 아니라 그 사람의 삶에 귀속된 것으로 간주된 고유한 것, 즉 생명, 건강, 자유를 포함한 — 을 지키는 데 있다. 그러나 로크에 의하면, 정부야말로 우리의 자산을 침해하는 최대의 위협이 될 수도 있다("여우의 위협을 피하려다 사자의 먹이가 된다"라는 것이 로크가 홉스를 비판하는 하나의 요점이다). 그러므로 우리의 자산을 보존하기 위해서는 자산 침해에 대해 제재를 가하는 정부를 설립하는 것만으로는 불충분하므로, 정부의 권력 남용을 억제하기 위한 제도, 즉 '법의 지배'(행정부에 대한 입법부의 우위)는 물론 '저항권'을 포함한 제도의 확립이 반드시 필요하다. '타자'보다는 오히려 '국가'를 자유에 대한 최대 위협으로 간주하는 이러한 관점은 이후 리버럴리즘(liberalism)의 기본적인 시점으로 계승된다.

18세기부터 19세기 초 프랑스의 자유주의 사상가 몽테스키외(B. Montesquieu)와 콩스탕(H. Benjamin Constant)에게도 자유에 대한 최대 위협은 '국가'였다. 주지하다시피 몽테스키외는 권력분립 및 권력 상호 간의 억제와 균형을 추구하는 것이 국가권력의 남용을 방지할 수 있는 길이라고 보았다. 또한 콩스탕은 국가가 소유한 권력에 대해 이른바 '총량 규제'를 가할 필요가 있음을 강조했다. 정치적 권력이 국가로 집중되는 것을 — 여기에 대항할 수 있는 세력의 몰락으로 인해 — 막을 수 없다면, 그 권력의 과잉 집적을 억제하고 내부에서 권력을 분산하는 것이 권력 남용을 방지하는 실효적 방책이라고 생각했던 것이다.

국가 권력의 남용에 대한 경계는 사람들의 생명·자유·재산을 보존한다는 관점에서만 강조되어온 것이 아니다. 통치자에 의한 권력 남용은 피통치자에 대한 가부장주의(paternalism), 즉 피통치자의 생활이나 삶의 방식 그 자체에 대해 간섭하는 형태를 취하는 경우도 있다. 푸코(Michel Foucault)의 분석대로 18세기 중반 무렵, 국가 권력의 모토가 '죽음을 관장하는 권력' — 법을 위반하는 사람에게 제재를 가하는 소극적 권력 — 에서 '삶을 관장하는 권력' — 사람들의 생명 / 생활에 개입함으로써 국가가 원하는 방향으로 극대화하는 적극적 권력 — 으로 변용되면서, '생체-권력'에 따른 간섭이 자유에 대한 위협으로 간주되기 시작했다. 일찍이 국가의 이러한 가부장적 간섭에 이의를 제기한 사상가는 칸트(Immanuel Kant)였다〔『국가 활동의 한계를 규정하는 시도를 위한 제 관념』(1792)을 저술하고 후에 밀(J. S. Mill)에게도 깊은 영향을 끼친 훔볼트(W. Humboldt)도 칸트의 문제 인식을 공유하고 있었다〕.

> 어떤 사람도 나를 (그 사람이 타인의 행복을 규정함으로써) 그 사람의 방식대로 행복하게 만들 수는 없다. 모든 개인은 자신이 좋아하는 방식대로 행복을 추구할 수 있다. 단, 자신과 동일한 목적을 추구하는 타자의 자유가 보편법칙에 따라 모든 사람의 자유와 양립할 수 있다면 그 타자의 자유(목적을 추구하는 권리)를 침해하지만 않으면 된다. — 아버지가 자식을 대하는 것과 같은 은혜의 원리를 바탕으로 국민에게 행사하는 지배를 가부장적 통치(imperium paternale)라고 부른다. 그 때문에 그러한 지배하의 신민(臣民)은 무엇이 자신에게 가장 유익하고 무엇이 가장 유해한지를 분별할 수 없는 미숙한 아이처럼 그저 수동적인

태도를 취하도록 강요받는다. 이때 신민은 자신이 어떤 행복을 추구해야 하는지에 대해 국가 원수의 판단을 기다릴 수밖에 없으며 국가 원수가 자신의 행복을 바라주는 선량함에 기댈 수밖에 없다. 이러한 지배는 가장 강력한 전제(신민의 모든 자유를 파기한 결과 신민으로 하여금 일체의 권리를 갖지 못하게 하는 체제)다.[3]

국가가 완수해야 하는 역할은 통치에 의한 '행복의 보장'이 아니라 법에 의한 '자유의 보장'이다. 타자의 자유와 양립하는 한 각 개인이 자신의 행복〔善〕을 스스로 타당하다고 판단한 방법으로 추구하는 것을 허용해야만 하며, 그러한 각 개인의 자유는 타자(국가를 포함해서)가 정의한 행복〔善〕의 관념에 제약되어서는 안 된다는 칸트의 논의는 리버럴리즘 자유론의 핵심을 정확하게 요약하고 있다.

자신이 어떻게 살고 있는지, 그리고 어떤 선을 추구할 것인지에 대한 타자의 간섭을 자유의 제약으로 받아들이는 관점은 19세기 이후의 리버럴리즘에도 그대로 수용된다. 예를 들어, 토크빌(A. Tocqueville)은 집권적 행정 권력의 후견이나 비호를 자유에 대한 위협으로 간주했다. 산업화의 진전과 병행하여 행정 권력의 집중과 확대가 진행되면, (몽테스키외와 마찬가지로) 공포가 아닌 오히려 물질적 이익의 향유를 보장하는 것으로 피통치자의 자유를 제약하는 정치 체제가 등장할 수밖에 없다는 것이 그의 우려였다. 토크빌이 말한 '온건적 전제'의 수용 기반은 국가에 대한 공포가 아니라 산업화된 사회에 내재하는 정치적 무관심과 물질적 이해에 대한 민감함에서 기인한다. 여기서 그는 '국가'의 후견적 권력의 비대함이 '자유의 제도'(법의 지배, 언론·결사의 자유 등)를 파괴하고 사람들의 자유를 제약할 수 있다는 위험성을 경고한 것이다. 토크빌은 '온건적 전제'의 한 측면을 다음과 같이 서술한다.

> 주권자는 사회의 전 영역을 복잡·미세하고 획일적인 법규 망으로 뒤덮고 있기 때문에, 아무리 독창적인 정신과 불굴의 영혼의 소유자일지라도 여기에서 벗어날 수 없다. 주권자는 사람들의 의사를 짓밟지는 않지만 그들을 유약하고 순종하게 만들어 지휘한다. 주권자가 사람들에게 행동을 강요하는 일은 드물지만 끊임없이 사람들의 행동을 방해한다. 주권자는 아무도 파괴하지 않지만 생성을 가로막는다. 주권자는 결코 탄압하지 않지만 사람들을 방해하고 압박함으로써 그들을 무기력하게 만들어

의욕을 상실케 하고 감각을 마비시킨다. 그렇게 해서 결국 전 국민은 소심하고 말 잘 듣는 동물의 무리로 전락하고, 정부는 그들의 목자(牧者)가 된다.

이처럼 규칙에 부합하여 획득된 유화(柔和)·평온한 예속 상태는 사람들이 상상하는 것 이상으로 자유의 외적 형식과 결부될 것이며 또한 인민 주권의 기초로 확립될 가능성도 있는 것이다.[4]

밀은 이러한 토크빌의 문제의식을 공유하면서도 '국가'의 후견적 권력보다는 오히려 '사회'의 비공식적(informal) 권력을 자유에 대한 최대의 위협으로 간주했다. 그는 개인의 자유를 질식시키는 최대의 원천은 사회의 다수가 수용한 지배 여론이나 관행이 사람들의 언론과 행동을 획일화하는 압력에 있다고 보았다. 밀은 통치자와 피통치자 사이에 작용하는 **수직적** 권력이 아니라 사람들 상호 간에 영향을 미치는 **수평적** 권력에서 자유의 적을 간취하고 그러한 권력을 '사회적 전제(social tyranny)'라고 불렀다.

사회적 전제는 정치적 압력처럼 무거운 형벌로 유지되는 것이 아니라 삶의 세부에 잠식하여 영혼 그 자체를 예속시켜버리기 때문에 거기서 벗어날 수 있는 수단을 거의 남기지 않는다. 따라서 행정관의 전제로부터 몸을 지키는 것만으로 충분한 것이 아니라, 지배적 여론이나 감정의 전제에 대한 방위도 필요한 것이다. 즉, 사회가 법적 형벌 이외의 수단을 사용하여 이에 동의하지 않는 사람들에게 그들의 사고나 관습을 행위의 규칙으로 강제하려는 경향, 사회의 존재방식과 조화되지 않는 개성의 발달이나 형성을 저지하려는 경향, 사회가 모든 성격에 대해 그 사회 자체를 모델로 하여 자기를 형성하도록 강요하려는 경향에 대한 방위도 필요한 것이다.[5]

밀이 『자유론(On Liverty)』에서 제시한 '위해원리(危害原理, harm principle)', 즉 자기와 관련된 일에 대해 사람들은 절대적으로 자유로우며 타자에게 위해를 가하는 경우에만 자유를 제약할 수 있다는 원리 또한 '사회적 전제'를 저지하기 위한 의도다. 사회적 권력에 의한 자유의 억압은 사회를 정체상태에 빠뜨려 사회의 활력을 빼앗는다. 그러한 정체상태를 피하기 위해서는 각자가 '자기 자신의 선을 자신의 방식대로 추구할 수 있는 자유'를 철저히 옹호해야 하며, 다수가 수용하기 곤란하다고 느끼는 개성의 주장 — 이교적(異教的)인 자기주장 — 에도 역시 자유를 부여해야 한다. 타인과 다른 자기주장이나 '삶의 실험'에 대한 억압을 자유의 봉쇄로 간주한 밀의 관점에 영향을 미친 독일 낭만주의는 '사회'의 평준화·획일화의 압력을 자유에 대한 위협으로 간취한 이후 (실존철학을 포함한) 다양한 사상의 원천이 되었다.

한편 19세기에는 '국가'나 '사회'보다는 오히려 '시장'을 사람들의 자유를 훼손하는 위협으로 간주한 사상도 점차 힘을 얻게 되었다. 이것은 '국가'에 의한 자의적(중상주의적) 개입이 폐기되면 '시장'에서의 자유가 저절로 옹호될 것이라고 본 18세기 후반 애덤 스미스(Adam Smith)의 다음과 같은 사상을 비판한 것이다.

> 우선체계든 억제체계든 모든 체계가 완전히 제거되면 명백하고도 단순한 자연적 자유체계가 저절로 확립된다. 정의의 법을 침해하지 않는 한, 누구나 자신의 방식대로 자신의 이익을 추구하고 자기의 노동과 자본으로 다른 사람 또는 다른 계층의 사람들과 경쟁할 수 있는 완전한 자유가 주어질 수 있다.[6]

스미스와 동시대에 살았던 루소(J. Rousseau)는 시장=상업을 사람들의 물질적·정신적 자립을 박탈하는 '타인 의존'〔『에밀(Emile)』〕 시스템 — 상호 의존은 서로를 구속하는 '사슬'이기도 하다 — 으로 묘사했는데, 그는 그러한 '타인 의존'을 폐기함으로써 자유와 공동(共同)의 일치를 가능케 하는 어소시에이션(association)을 구상했다. 헤겔(G. W. F. Hegel)은 이러한 루소의 문제의식('덕'에 의한 욕구의 제한)에 공감하면서도 결국 '시장' — 시민사회의 서브시스템 중의 하나인 '욕구의 체계' — 에 대해 양의적(兩義的)인 위치를 부여했다. 즉, '시장'은 한편으로는 '주관적 자유의 원리'에 현실성을 부여함으로써 개인이 타자로부터 자립을 유지하면서 자신의 욕구를 추구할 수 있게 한다 — 그러한 욕구 충족은 (루소처럼) 특정의 타자가 아닌 보편적 '자산'(시장기구)에 의존한다 — 는 측면에서는 긍정적이지만, 다른 한편 그러한 욕구 충족은 어디까지나 우연적인 것이기 때문에 어떤 사람들의 물질적 빈곤과 정신적 황폐('긍지'의 상실이나 질서에 대한 '내면의 반역')를 필연적으로 야기함으로써 그 자유의 기반을 무너뜨린다는 측면에서는 부정적인 것이다.[7] 헤겔에게 있어 '시장'은 실현되어야 하는 동시에 극복되어야만 하는 것으로서, 그는 '시장'의 부정적 측면을 통치하는 '국가'에게 사람들의 '구체적 자유'를 현실화하는 위치를 부여했다(자신의 욕구 추구를 목적으로

하는 '사적 개인'에만 머무는 것이 아니라 보편적인 것을 자각하고 거기에 공헌하는 활동을 스스로 해나갈 때 개인은 가장 고차원적인 자유를 누릴 수 있다).

마르크스(Karl Marx)는 시장이 자유에 있어서의 양의성을 상실했다고 보았다. 그것은 결국 폐기되어야 할 그 무엇이며, '자유의 왕국'은 그 너머에서 구성된다는 것이다. 마르크스에게 근대의 자유권은 '인간과 인간의 결합'이 아닌 '인간과 인간의 격리'를 의미하는데, 이를 좀 더 직설적으로 표현하면, 그것은 사적 소유의 자유로 타자를 배척하는 '격리의 권리'를 부여한다는 것이다. "시민사회(=시장)에서 모든 인간은 타자 안에서 자기 자유의 실현이 아니라 자기 자유의 제한을 발견하게 된다."[8] 마르크스에 따르면, 만인이 누려야 할 자유를 일부의 사람들에게만 귀속시킴으로써 그러한 '격리의 권리'를 보장하는 것이 바로 현재의 '국가'가 수행하고 있는 기능이다. 헤겔이 말한 것처럼 '국가'는 '시장'을 통제하는 위치에 있는 것이 아니다. 오히려 현실에서는 거꾸로 '시장'이 '국가'를 통제하는 위치에 있으며, 이때 정치권력이란 사실상 경제적 권력에 다름 아니다. 마르크스는 이러한 '시장'과 '국가'의 결합을 자유에 대한 최대의 위협으로 간주했다. "개인의 자유로운 발전이 곧 모든 사람들의 자유로운 발전의 조건"[9]이라는 어소시에이션은 이러한 '시장'과 '국가'의 결합이 폐기되는 지점에서만 전망된다는 것이다.

그린(T. H. Green), 홉하우스(L. T. Hobbhouse), 홉슨(J. A. Hobson) 등 '새로운 자유주의(new liberalism)'로 명명되는 사상에 이른 19세기 말에서 20세기 초 영국의 사상에서도 '시장'은 자유에 대한 위협으로 간주되었다. 그들은 '시장'이 야기한 빈곤과 그것이 생활에 미치는 부정적 영향을 개인의 사적 문제가 아닌 '사회문제' — 사회구조에 의해 야기되는 문제 — 로 돌림으로써 현저한 부의 불평등 분배를 시정하고 사람들의 자유를 실효적으로 실현하는 것이 '국가'가 완수해야 할 역할로 인식했다. 그들 — 특히 홉하우스 — 은 생존의 유지뿐만이 아니라 '인격적 발전'을 가능케 하는 물질적 조건의 정비를 '국가'에 요구함으로써, 리버럴리즘의 과제란 국가의 개입 자체를 비판하는 것이 아니라 그 개입의 질을 묻는 것이라고 보았다. 홉하우스에 의하면, 개인이 향유할 부를 만들 수 있는 원천에는 '개인적 기초'와 '사회적 기초'가 있는데, 사람들의 노동과 생활에 대한 권리를 보장하기 위해 후자를 원천으로 한 부를 사회적 자원으로 이용하는 것은 지극히 당연한 것이다.[10]

사람들의 자유를 위한 조건으로서 공적 생활보장이 필요하다는 그들의 사상은, 이후 「베버리지 보고서(Beveridge Report)」(1942)에도 영향을 주었을 뿐만 아니라, 오늘날의 사회보장에 있어서도 하나의 중요한 사상적 원천이 되고 있다. 제국주의적 팽창의 추진력이 되는 금융자본의 행동에 대한 홉슨의 비판 등을 포함하여, '새로운 자유주의('new' liberalism)' 사상에는 현재의 '신자유주의('neo'-liberalism)'와 대비해볼 때 매우 흥미로운 시사점이 포함되어 있는데, 여기서는 자유를 타자 / 사회로부터의 자원 이전과 관련지어 재정의한 그린의 말을 인용한다.

자유란 단순히 구속이나 강제로부터의 자유를 의미하는 것만이 아니다. 또한 우리가 무엇을 선호한다고 해서 그것을 마음대로 행할 수 있는 것도 아니다. 또한 그것은 한 사람 혹은 한 무리의 사람들이 타자의 자유를 희생하여 누릴 수 있는 것도 아니다. 우리가 고평해야 할 자유란 행위 또는 향유할 만한 가치가 있는 것 — 또는 타자와 함께 하거나 향유하는 것 — 을 수행하고 향유하는 적극적인 힘과 능력을 의미한다. 자유란 그의 동포가 그에게 주는 조력이나 보장(help or security)을 통해 행사하는 힘이자 또한 반대로 그가 그들을 보장하기 위해 조력함으로써 행사하

는 힘이기도 하다.[11]

두 차례에 걸친 총력전과 전체주의의 지배를 경험한 20세기 중반 이후에는 국가 권력, 특히 '국가'에 의해 공적으로 조직된 폭력이 자유에 대한 최대의 위협으로 재인식되었다. 벌린은 국가를 비롯하여 민족, 계급, 역사의 법칙 등 개인을 초월한 이른바 대문자 주체=실체를 설정하고, 여기에 이성을 부여하는 사고방식을 부정함으로써 국가 권력의 간섭을 물리칠 수 있는 자유의 영역을 확보하고자 했다. 슈클라(Judith N. Shklar)는 공권력이 야기한 잔학(public cruelty)을 '최고의 악'으로 간주하고 그 악을 회피함으로써 공포로부터의 자유를 확립하는 것이 리버럴리즘의 사상과 행동에서 가장 중요한 책무라는 것을 강조했다. "무릇 자유가 없어서는 안 된다는 것을 설명하기 위해서는 특정 제도나 이데올로기에 의거하는 것만으로는 충분하지 않다. 무엇보다 우선 잔학을 먼저 염두에 두고 공포에 대한 공포를 이해함으로써 그것이 어디에나 존재한다는 것을 인식해야 한다."[12]

20세기 중엽 선진국에서의 복지국가(사회국가) 기능이 확충되면서 그것이 사람들의 자유에 억압적으로 작용하게 될지도 모른다는 우려가 동시에 제기되었다. 일찍이 자유의 옹호라는 관점에서 복지국가의 확장 경향에 대해 이의를 표명한 하이에크(Friedrich A. Hayek)는 다음과 같이 말했다.

> 복지국가에서는 재화의 좀 더 평등한 분배, 즉 공정한 분배의 보장을 위해 정부의 권력 이용을 요망한다. 이것이 특정의 사람들이 특정의 것을 얻을 수 있도록 보장하기 위해 정부의 강제력을 이용해야만 한다는 것을 의미하는 이상, 그 밖의 사람들이 일종의 차별과 불평등한 대우를 받아도 된다는 것은 자유로운 사회와 양립할 수 없다.[13]

그는 '생존의 최저 수준' 이상의 재분배를 위한 국가 권력의 이용을 비판했는데, 그 후 그 비판은 국가에 의한 강제적 자원 재분배는 필연적으로 사람들의 자유를 침해한다는 이른바 리버테리어니즘(Libertarianism, 자유지상주의) 사상으로 계승되었다. 강제적 재분배의 기능을 갖는 '확장국가(extensive state)'는 어떤 사람의 삶(의 일부)이 타자의 삶을 위한 수단으로 취급되는 것을 용인한다는 점에서 도덕적으로 정당화될 수 없다는 강력한 논의를 펼친 노직(Robert Nozick)도 그중 한 사람이다.

강제적 재분배의 기능을 갖는 '국가'를 자유의 적으로 묘사한 이런 사조에 대해, 롤스(John Rawls), 드워킨(Ronald Dworkin), 센(Amartya Sen) 등 — 그들의 입장은 '평등주의적 리버럴리즘' 또는 '리버럴한 평등주의'로 불린다 — 의 사상가가 '국가'에 의한 자유의 보장을 강력하게 옹호하고 있다는 사실은 새삼 확인해볼 필요도 없을 것이다. 그들은 사후적 구제에 중점을 둔 기존의 복지국가를 비판하면서, 사람들이 타자로부터의 자원 이전을 통해 공정하고도 실질적인 기회의 평등을 누리고 각각의 가치('선한 삶의 구상')를 추구할 수 있도록 — 생애 전반에 걸친 — '삶의 전망(life prospects)'을 구할 수 있는 조건을 확보하는 것이 '국가'가 달성해야 할 역할이라고 보았다.[14]

지금까지 근대의 사상가들이 파악해온 '자유에 대한 위협'으로서 '타자', '국가', '시장', '사회'를 거론했는데, 여기에 '공동체'를 추가해야 할지도 모르겠다. 마루야마 마사오(丸山眞男) 등 전후의 일본 사상가들은 '공동체' — 혈연이나 지연에 의한 것이든 회사나 학교에 의한 것이든 — 가 개인의 삶에 미치는 구속을 자유에 대한 최대의 위협 중의 하나로 파악했다(이와 함께 마루야마 마사오는 메이지 이래 '인간의 감성적 자연의 무분별한 범람'을 '규범 창조적인 자유관' 형성을 방해하는 주된 요인으로 중시했다).[15]

개인과 국가 사이에 위치한 중간단체는, 토크빌의 경우에서처럼 국가 권력의 전횡으로부터 개인의 자유를 지키는 기능을 갖는 것으로 중시될 수 있다. 그러나 전후 일본 사회에서는 그 구성원의 삶을 전담하는 회사가 그렇듯, 중간단체를 개인의 자유를 속박하는 질곡으로 인식함으로써 어떻게 개인을 그 구속으로부터 해방하느냐의 문제가 리버럴리즘의 사상과 행동에서 주요한 관심사로 간주되었다.[16]

2. 현대에서의 자유에 대한 위협

앞에서 언급했듯이 벌린은 자유에 대한 최대 위협을 국가 권력의 과잉으로 보았는데, 그로부터 대략 반세기가 지난 사회에 살고 있는 우리는 무엇을 자유에 대한 위협으로 중시해야 할까.

생명이나 소유를 침해하는 폭력이 생활의 안전을 위협한다는 관점에서 본다면, 자유를 위협하는 것은 '타자'일 것이다. 정부에 의한 규제가 여전히 경제활동의 자유를 방해한다거나 치안 강화가 언론의 자유를 비롯한 시민적·정치적 자유를 다시 위협하기 시작했다는 관점에서 본다면, 그것은 '국가'일 것이다. 다수에 의한 지배적 가치관이 여성이나 성적 소수자의 자유로운 삶을 여전히 방해하고 있다는 점을 중시한다면, 그것은 '사회'일 것이다. 글로벌화한 시장 기구가 경제적·사회적 격차를 확대하고 사람들의 생존 그 자체를 위협한다는 관점에서 본다면, 그것은 '시장'일 것이다.

원래 무엇을 자유에 대한 위협으로 받아들이는가는 결코 획일적인 것이 아니다. 그것은 사람들의 이해 관심이나 가치관에 의존하고 있기 때문에 자유 일반에 대한 위협을 논한다는 것은 어쩌면 의미가 없을지도 모른다. 서두에서도 언급한 것처럼 현대 사회의 두드러진 특징 중의 하나는 무엇을 자유의 제약·박탈로 간주하느냐 하는 문제감각과 문제인식 자체가 사람들 사이에 크게 나뉜다는 점에 있는 것 같다. 예를 들면, 공포로부터의 자유를 추구하는 사람들은 치안 강화에 따른 통신, 이동, 집회·결사 등의 자유가 제약되더라도 그것이 자신의 자유를 훼손한다고는 느끼지 못할 것이다. 좀 더 자유로운 경제활동을 원하는 사람들은 노동자의 결사의 자유에 심각한 타격을 주거나 사회보장의 대폭적인 후퇴가 초래되더라도 그것을 자신의 자유에 대한 심각한 위협으로 받아들이지 않을 것이다. 보통 타자에 의해 자유를 제약·박탈당하더라도 그것이 현재 자신이 누리고 있는 자유에 직접적이고 심각한 영향을 미치지 않는 한, 자신의 자유에 대한 위협으로 받아들이거나 인식하는 일은 거의 없다. 이러한 문제감각과 문제인식의 '분할' 그 자체에서 현대에 있어서의 자유에 대한 위협을 간취할 수 있다.

무엇을 자유에 대한 위협으로 간주하느냐에 대해서는 이견이 있을 수 있겠지만, 무엇이 더 이상 자유를 위협하지 않게 되었는지, 적어도 어떤 위협이 줄어들었는지에 대해서는 오히려 간극 없는 인식을 공유할 수 있을 것이다. 우선, 근대의 리버럴리즘이 항상 경계의 시선으로 바라본 '국가'가 어떤 측면에서는 사람들의 자유를 위협하지 않게 되었다는 데에는 그다지 이견이 없을 것이다. 공포로 사람들의 행동을 지배하는 전제, 사람들의 삶에 간섭해서 일정한 방향으로 삶을 이끌어가려는 가부장적 통치(imperium paternale), 그리고 사람들 삶의 모든 영역을 이데올로기와 테러로 통제하려는 전체주의는 이제 현실적인 위협이라고는 할 수 없다. 또한 자주 '철의 감옥'(M. 베버)으로 일컬어지는 관료제적 통제 또한 이제는 과거의 것이 되었으며, 자유지상주의자가 거듭 비판해온 국가의 강제적 재분배 기능도 — 그것의 좋고 나쁨은 차지하고 — 현재는 급속하게 약화되고 있다. 마찬가지로 리버럴리즘이 비판해온 '공동체'와 '사회'가

개인의 자유에 가하는 구속력도 예전만큼의 위력을 발휘할 수 없게 된 것을 확인할 수 있을 것이다. 혈연이나 지연에 따른 공동체는 물론, 회사라는 '공동체' 또한 구성원의 삶 전체를 책임질 만한 힘을 잃어가고 있다. 사회에 대해서도 마찬가지다. 소멸되어가는 규범과 관습을 복원하려는 '백래쉬(Backlash)' 세력의 대두 — 그중에는 '젠더프리(Gender free)'를 지향하는 정책을 가부장적 통치로 받아들이는 경향도 있다 — 를 도외시할 수는 없지만, 적어도 가부장제, 남성중심주의, 이성애주의 등 지금까지 거의 자명한 것으로 수용되었던 모든 규범의 타당성이 크게 문제시되고 있다. 또 어떤 삶의 방식을 선택할 것인가에 대해서도 강력한 획일주의가 사회에 만연해 있다고도 할 수 없다.

근대의 리버럴리즘이 '국가'나 '사회' 권력을 비판할 때, 그 비판의 초점은 주로 통합의 과잉에 맞춰져 있었다. 즉, 국가나 사회가 마치 개인을 초월한 하나의 실재(實在)처럼 인식되어 모든 개인의 삶이 그 통합 — 동화와 동원 — 의 힘에 휩쓸려버렸던 것에서 자유에 대한 위협을 간취해왔던 것이다. 그러나 그러한 집합적 '주체=실체'가 사람들의 삶에 미치는 통합력이 저하됨으로써 이제는 통합의 과잉보다는 오히려 분리의 심화가 자유에 대한 제약·박탈을 야기하고 있다는 점에서 리버럴리즘은 그 비판의 표적을 상실하게 되었다. 국가 권력은 여전히 자유를 위협하는 것 중의 하나지만, 그것은 사람들이 살아가는 공간을 분리하면서 변용되고 있다. 이것은 타자가 자유를 위협하는 적으로 재부상한 현상과도 밀접한 관계가 있다.

최근에는, 일찍이 홉스가 파악했던 자유에 대한 위협, 즉 '타자'에 의한 폭력이 자유에 대한 실질적인 위협으로 재인식되고 있다. '폭력으로부터의 자유', '공포로부터의 자유'에 대한 요구는 거리나 주거 양상을 변화시킬 정도로 거세지고 있다. 홉스적 의미에서 자유와 안전은 거의 동의어로 간주되고, 공권력의 존재 이유 또한 초기 근대에서처럼 치안 — '법과 질서' — 유지가 최우선의 문제로 취급되고 있다. 자유와 안전을 동일시하는 경향이 강화된 배경으로는 2001년의 이른바 '9·11'과 그 이후에 벌어진 전쟁의 영향도 무시할 수 없지만, 무엇보다 사람들의 생활공간의 분리·격리가 타자에 대한 불신, 복수(復讐) 행동에 대한 공포를 환기한 현실이 더욱 중요할 것이다. 그러한 징후를 보이는 행동에 대한 예방적 대응을 포함하여, 범죄를 엄격히 다루는 정책은 이미 많은 사람들의 지지를 얻고 있다. 뒤에서 언급하겠지만, 안전에 대한 지나친 강조는 리버럴리즘이 자유를 옹호하기 위해 중시했던 권력 제한을 국가에 부여할 위험성이 있다. 실제로 테러리즘에 대한 공포가 만연한 미국에서는 정보 수집, 가택 조사, 외국인의 처우 등과 관련하여 통상적인 법의 지배를 초월한 권한을 치안 권력에 부여하고 있다〔2002년에 제정된 이른바 '미국 애국자법(U.S. Patriot Act)'과 이와 관련된 일련의 반테러법을 보라〕.[17] 일본에서도 2004년에 시행된 '국민보호법(國民保護法)'에는 '무력공격 사태'로 정의된 상황에서는 '국민의 자유와 권리에 제한을 가할 수 있다'는 내용이 들어 있다.[18]

사람들의 생활공간의 분리는, 벌린처럼 그것을 '방임적 시장경제'로 표현할 것인가의 여부는 차치한다손 치더라도, 4반세기에 걸친 '시장'의 압도적 우위 — 국가나 노동조합 등이 시장을 통제할 수 있는 능력의 현저한 저하 — 에 의해 야기되었다고 볼 수 있다. 글로벌화라는 미명하에 일상화된 치열한 '자유 경쟁'은 국가에 의한 규제나 그것이 담당해온 사회보장 기능에 대해, 경제활동의 자유 — 자본 이동의 자유화, 노동시장의 유연화 등 — 를 저해하고, 국가 경쟁력과 민간 활력을 고사시킨다는 이유로 비판할 만한 힘을 '시장'의 행위자들에게 부여하고 있다. 자유는 '국가의 규제' 대 '시장의 자유' 또는 '큰 정부' 대 '작은 정부'라는 극히 단순한 이분법으로 논의되고, 전자에서 후자로 이행하는 것이 마치 자유의 영역을 확장하는 것처럼 이야기되고 있다. 실제로 최근 사회보장의 측면에서 국가의 기능이 후퇴하면서 연금 부담을 비롯한 기업의 사회보장 부담을 경감하는 방향으로 사회보장 재편이 진행되고 있다〔일본의 사회적 지출이 GDP에서 차지하는 비율(2002년에 약 18%)은 유럽의 국가들(같은 해 독일·프랑스는 약 28%)과 비교할 때 현저히 낮으며, 원래 사회보장의 측면에서 '큰 정부'가 아니었다는 사실도 무시할 수 없다〕.

'정치적인 것(국가)'은 '사회적인 것(고용보장이나 사회보장)'과의 연계를 약화시키는 한편 '경제적인 것'과의 연계를 강화한다. 좀 더 직설적으로 말하면, '정치적인 것'과 '사회적인 것'이 '경제적인 것'에 의해 지속적으로 식민지화되고 있다는 그간의 경위를 요약할 수도 있을 것이다. 과연 규제완화 / 민영화는 사람들이 누릴 수 있는 자유를 확대할 수 있는 것일까. 국가의 활동 영역이 후퇴할수록 자유를 누릴 수 있는 영역이 더욱 확대된다는 단순한 관계가 성립할 수 있는 것일까. 이에 대해서는 다양한 비판이 있을 수 있겠지만, 여기서는 다음의 네 가지로 압축해보고자 한다.

첫째, 현재 진행되고 있는 규제완화 / 민영화는 국가 활동에 대한 시민의 감시와 민주적 통제를 강화하는 효과를 거두지 못하고 있다. 국가 권력의 제한을 중시하는 리버럴리즘의 관점에서 볼 때, 가령 '전쟁의 민영화'나 '형무소 경영의 민영화'에서 볼 수 있듯이 국가와 시장이 새롭게 결합되는 경향에는 간과할 수 없는 위험성이 내포되어 있다. 모리스 스즈키(Tessa Morris Suzuki)가 지적했듯이, 종래 가장 공적인 것으로 간주된 영역에 대한 정부와 기업의 새로운 협동의 도입은 신체의 자유에 관련한 의사결정에 따른 책임의 소재를 불투명하게 만드는 '거대한 클린존(clean zone)'을 창출하고 있다.[19]

둘째, 규제완화 / 민영화는 사적 소유를 보호할 수 있는 영역을 확대하는 경향도 분명히 존재하지만, 지금까지 접근 가능했던 영역으로부터 사람들을 배제하는 — 그 / 그녀들이 '필요'를 '수요'로 바꿀 만큼의 자원을 소유하지 못하는 한 — 부정적인 영향도 있다. 이러한 경향은 생명과 지식에 관련된 영역에서 특히 두드러지는데, 신체에 관한 정보나 식물 등에 관한 전래의 지혜가 신약을 개발하기 위해 이를 이용하는 기업의 지적소유권으로 전환되는 사태는 그 일례라고 할 수 있을 것이다. 주지하다시피 일리이치(Ivan Illich)는 "어떤 산업의 생산과정이 긴요한 필요를 충족하는 행위에 대해 배타적 지배를 행사하고, 비산업적인 활동을 경쟁에서 배제하는" 사태를 '근원적 독점(radical monopoly)'이라며 비판했는데,[20] 높은 장벽으로 보호되는 지적소유는 필요와 욕구의 충족 방식을 대부분 선택의 여지가 없는 것으로 축소하는 효과를 지니기도 한다.

셋째, 사회보장의 후퇴는 사람들로 하여금 자신의 생활보장은 자신의 손으로 구축해야 한다는 강한 압력을 주고 있다. 공공적 제도에 의한 생활보장의 신뢰와 전망이 사라지면 사람들은 자신의 생활보장을 사적인 노력으로 구축할 수밖에 없게 되는데, 이미 고용보장조차 불확실해진 이상 사적으로 구축되는 '보장'은 어떤 실질적인 보장=안전을 의미하지 않는다. 비정규 고용으로 얻을 수 있는 수입은 도저히 사적으로 생활보장을 구축할 수 있는 수준에 도달할 수 없으며, 정규 고용의 경우에도 해고나 '성과주의'에 의한 소득 저하의 불안에서 자유로울 수 있는 사람이 그다지 많지 않다. 만약 국가의 후퇴가 자유의 확장을 가져왔다면 이를 통해 누릴 수 있는 자유란 생존 / 생활 그 자체에 대한 불안을 불식시키지 못한 극히 불안정한 것에 지나지 않는다. 바우만(Zygmunt Bauman)이 시사했듯이, 국가는 더 이상 사람들에게 공공적 생활보장을 약속할 수 없기 때문에 기껏해야 여전히 손이 미치는 범위인 치안이라는 한정된 안전(생명과 소유의 안전)을 약속하는 데 힘을 쏟을 수밖에 없다는 견해 또한 타당하다.[21]

넷째, 자유의 확장은 — 그것이 실제로 확장되고 있다면 — '자유의 탈정치화'라고 할 만한 경향을 농후하게 띠고 있다. 확실히 최근 들어 재산과 서비스 소비의 자유 혹은 정보에 대한 접근과 그 발신의 자유는 크게 확장되었다고 할 수 있다. 그리고 사람들이 향유하는 그러한 자유의 풍부함이야말로 기존의 사회주의 국가를 붕괴로 이끌고, '체제 선택'이라는 말을 사어(死語)로 만든 주요한 원인이라고 보는 관점도 있을 수 있다. 그러나 어떤 종류의 사회틀이 주어진 상태에서 향유되는 자유가 그 사회의 존재방식을 문제시하면서 다른 종류의 사회의 존재방식을 구상할 수 있는 자유를 저절로 안겨주는 것은 아니다. 최근에 상실한 것은 이 두 가지를 연결하는 회로라고 할 수 있는데, 이로 인해 사적 생활보장 구축을 강요받지 않는 사회틀을 생각해볼 자유조차 실질적으로 방기되고 있는 실정이다. '자기 결정'이라는 말을 사용한다면, 여기서 '자기'란 사적인 자기로 축소된 것으로서 그 '자기'를 좀 더 확대된 것으로 대체해보려는 자유는 행사할 수 없게 된 듯하다.

최근 국가와 시장으로부터 상대적으로 독립한 영역인 시민사회가 주목되는 이유는 국가가 '사회적인 것'과의 연계를 약화하고 '경제적인 것'과의 연계를 강화함으로써 시장을 제어하기는커녕 오히려 시장의 충실한 '시녀'가 되어가고 있기 때문이다. 시민사회의 어소시에이션 중에는 정당이나 각종 경제단체 등 정부나 기업과 밀접한 관계를 맺고 있는 것도 있지만, 국가와 시장 양쪽 모두에 거리를 두고 있는 어소시에이션('자율적인 공공권')도 존재한다. 이는 하버마스(Jürgen Habermas)가 기대했던 것처럼 일상생활 속에서 새로운 문제를 발견하고 그것을 공공적 쟁점으로 부각시켰다. 또한 허스트(Paul Quentin Hirst)가 그 의의를 평가했듯이, 그러한 어소시에이션은 종래 행정 활동으로 시행되었던 공공적 서비스를 좀 더 유연하고 효율적으로 담당할 수 있는 기능을 갖추기 시작했다.[22] 그중에는 새로운 형태의 — 조직을 횡단하는 — 노동조합과 다양한 마이너리티의 권리를 주장·옹호하는 단체 등 자유의 옹호에 직접 관여하는 어소시에이션도 포함되어 있다.

그러나 한 가지 문제는 이러한 어소시에이션의 활동이 물적·인적 자원은 물론 그 활동에 대한 사람들의 광범위한 관심과 지지를 필요로 함에도 이것들을 충분히 얻을 수 없다는 데 있다. 퍼트남(Robert David Putnam)이 미국 사회에 대해 실증적으로 분석했던 바와 같이 '사회적 자본(social capital)' — 대면적인 커뮤니케이션을 지속하는 가운데 축적된 상호 신뢰와 호수성(互酬性) — 은 예전에 비해 크게 쇠퇴하고 있다.[23] 일본에 대해서도 동일한 실증적 분석이 나올 수 있겠지만, 대부분의 사람들이 사적인 일에 자신의 관심·시간·에너지를 전부 쏟아 부을 수밖에 없는 생활 환경에서는 미국과 마찬가지로 어소시에이션에 필수적인 자원이 부족할 수밖에 없을 것이다. 일상생활 속에서 사람들이 갖고 있는 불만과 이의가 공공의 의견·의사 형성으로 이어지지 못한 채 정체되고 있는 징후는 여러 부문에서 — 가령, 현재의 상황을 바꿔보겠다고 공언하는 사람에게 과잉 기대를 거는 포퓰리즘적 경향에서도 — 확인할 수 있다.

현대에 있어서 자유에 대한 최대의 위협이 '경제적인 것'의 압도적 우위라는 점을 자각한다 하더라도 그 힘을 제어해야 하는 바로 그 '정치적인 것'과 '사회적인 것'이 한계를 보이고 있다는 사실은 부정하기 힘든 현실이다. 중요한 것은 국가 대 시장이라는 이항대립의 문맥에서 성급하게 국가의 역량을 회복할 것이 아니라, 그동안 규제완화와 민영화가 누구에게 어떤 자유를 부여하고 누구에게 어떤 자유를 박탈했는가를 인식하고, 그 인식을 '정치적인 것', '사회적인 것', '경제적인 것' 사이에서 새로운 관계성에 대한 구상으로 연계해가는 일일 것이다(이때 '사회적인 것'이라는 사상은 경제적·사회적 격차의 확대에 대한 단순한 사회통합의 위험성뿐만이 아니라 '개인의 자유로운 발전'을 가로막는 장애를 발견하는 지점에서부터 전개되기 시작했다는 것을 상기해야 한다).

자신이 향유하고 있는 자유의 존재방식을 비판적으로 평가하고, 사적인 문제로 받아들인 것을 공공적 문제로 재인식하는 시야의 확장은 이러한 구상을 위해서도 필수적이다. 다음 장에서는 '간섭의 부재' 또는 '강제의 부재'로 정의된 자유의 개념을 비판적으로 검토하면서 현재 대다수가 경험하고 있는 자유의 제약·박탈을 적절히 문제화할 수 있는 전망을 탐색해보고자 한다.

제2장 소극적 자유에 대한 비판

이 장에서는 벌린이 말하는 '소극적 자유'의 개념에 내재한 문제를 적출해가면서 자유 개념의 재정의를 시도할 때 고려해야 할 점을 명확히 해두고자 한다. 소극적 자유의 개념에는 근대 자유관의 특성이 뚜렷하게 나타나 있을 뿐만 아니라, 그것이 개인에게 열려 있는 '선택의 자유'를 옹호한다는 점에서 오늘날 논의되는 '자기 선택'의 자유와 일정한 친화성을 갖고 있다. 그리고 무엇보다 벌린이 '소극적 자유'의 개념을 제기한 이래 다수의 연구자와 사상가가 그 개념을 비판적으로 검토하면서 자유의 개념을 재고해온 경위가 있다. 지금까지 소극적 자유의 개념에 어떤 이의가 제기되어왔는지를 소급해보면서 자유 개념의 재창출을 위한 암시를 던져보고자 한다.

1. 소극적 자유와 적극적 자유

자유의 옹호는 간섭을 피한다는 '소극적'인 목표를 갖는다. 어떤 사람이 스스로 목적을 선택할 여지가 없는 생활을 감수하지 않는다고 해서 박해하겠다며 사람들을 위협하는 행위, 그리고 어떤 사람 앞에 놓여 있는 모든 문을 폐쇄하고 단 하나의 문만 열어두는 행위는 그 열린 문으로 나타난 길이 아무리 훌륭할지라도, 또 그런 조치를 취한 사람들의 동기가 아무리 호의적이라 할지라도 그것은 그가 인간이라는, 즉 스스로 영위해가야만 하는 자신의 삶을 소유한 존재자라는 진실에 대해 죄를 범하는 것이다.[1]

이 구절은 '소극적 자유'를 옹호하고 '적극적 자유'를 비판한 벌린의 자유론의 핵심을 잘 보여준다. '간섭의 부재(noninterference)'로 정의되는 소극적 자유의 관심은 사람들이 누릴 수 있는 '행동의 자유로운 범위'를 유지하고, 그 범위를 축소하는 외부의 간섭, 특히 공적 권력으로부터의 간섭을 배제하는 데 있다. 한편 '자기 지배(self-mastery)'로 규정되는 적극적 자유의 관심은 타자가 아닌 자기 자신을 행위 결정의 원천으로 삼기 때문에 타자나 다른 집단에 의해 자신의 삶이 지배당하지 않도록 하는 데 있다. 즉, 소극적 자유가 공적 권력의 제한 — 권력 집적의 제한 — 을 요구하는 데 비해 적극적 자유는 그것이 타자가 아닌 자기 자신의 것임을 요구하는 것이다.

벌린이 언급한 바와 같이 이 두 가지 자유는 확연히 구별되지 않는다는 점, 즉 개인에게 있어서 '자기 지배'로서의 적극적 자유가 자신의 행동이 타자가 아닌 자신이 결정해야 하는 범위를 확정하고 있는 한 소극적 자유와 중복될 수 있다는 점에 대해서는 거론하지 않겠다. 「자유의 두 개념」이라는 논고에서 벌린의 주요 관심은 '자기 지배' — 자기 결정·자기 통치 — 그 자체를 비판하기보다는 오히려 그것이 '마술적 변환'(W. 제임스)으로 '타자 지배'를 초래하는 기제를 폭로하는 데 있기 때문이다. '마술적 변환'은 자기 지배를 '진정한 자기'에 의한 지배로 해석함으로써 그 '진정한 자기'를 현실적인 자기의 외부에 정해둘 때 발생한다. '진정한 자기'가 내린 결정에 복종하는 것은 그것이 어디까지나 타자가 아닌 자기인 이상 부자유하다고 생각하지 않기 때문이다. '진정한 자기'가 '국가, 계급, 국민 혹은 역사의 진행 그 자체'라는 '초개인적 실체'와 동일시될 때, 진정한 자기 지배라는 윤리를 수용하는 한 그러한 '초개인적 실체'의 의지

— 현실에서는 초개인적 실체로 자칭하는 자의 의지 — 에 복종할 수밖에 없게 된다. 벌린은 동시대의 철저한 자유의 봉쇄는 이러한 논리에 의해 초래되었다고 파악한 것이다.

적극적 자유의 관념에 대한 벌린의 이의를 좀 더 정확하게 이해하기 위해서는 가치일원론에 대한 그의 비판을 살펴보아야 할 것이다. 벌린에 의하면, 가치일원론은 "사람들이 믿어온 모든 적극적 가치는 최종적으로는 양립 가능하고 또 어쩌면 서로 밀접한 관련이 있다는 확신"[2]에 의거한다. 그것은 사람들이 추구하는 모든 가치가 서로 대립하는 것처럼 보일지라도 결국에는 서로 조화될 수 있는 것이며, 사람들이 앞으로 충분히 이성적이기만 하다면 모든 가치들 간의 항쟁은 궁극적으로 해결될 수 있다고 생각하는 것이다. 이러한 사고방식하에서는 자기와 자기 사이, 자기와 타자 사이, 나아가 집단과 집단 사이, 사회와 사회 사이와 관계없이 결국 모든 가치의 항쟁은 좀 더 고차원적인 이성의 지배에 의해 폐기될 수 있다. 이성적인 자기 지배와 비이성적인 타율의 배제를 요구하는 적극적 자유의 관념이 자유의 이름으로 자유의 억압을 야기하는 것은 이러한 가치일원론의 신념 때문이다. 즉, 비이성적인 것이 이성적인 것의 지배를 자발적으로 수용하고 복종하는 것은 더욱 고차원적인 자유의 실현으로 이해되는 것이다. 자기가 이성적이라고 확신하는 사람에게 비이성을 체현하는 것으로 간주되는 요소는 자신의 내부에 있든 타자의 내부에 있든 폐기되어야만 하는 장애에 불과한 것이다.

벌린이 가치일원론을 배재하는 이유는, 그것이 가치의 다원성을 부정하는 잘못된 존재론이기 때문에 타자가 자신과 다른 가치를 영위할 자유를 부정하고 타자 지배를 정당화하는 논리를 유도하기 때문이다. 타자의 자유를 옹호하기 위해서는 사람들이 추구하는 다양한 가치들에 대해 동일한 척도로 그 우열을 비교할 수 없다는 의미에서의 공약 불가능성이 있음을 인정해야 한다. 벌린이 옹호하는 가치다원론의 전제란, "인간의 목표는 다양하기 때문에 그것은 모두 공약 불가능하며 게다가 상호간에 끊임없이 경쟁하고 있다"는 것이다.[3] 공약 불가능한 다양한 가치를 기반으로 하는 세계에는 그것들의 우열을 가리거나 미리 정합성을 확정할 만한 일원적인 원리가 존재하지 않는다.[4]

가치다원론의 입장에서 볼 때, 모든 가치의 대립·항쟁은 인간의 삶에 내재하는 것이므로 영원히 제거한다는 것은 불가능한 일이다. 이 세계에서 '비극의 가능성'을 배제할 수 없는 이유 또한 개인적 삶이나 공공적 삶에서 상호 공약 불가능한 가치 사이에서의 선택을 피할 수 없다는 점, 그리고 모든 선택에는 다시 회복할 수 없는 손실이 발생할 가능성이 내포되어 있다는 점 때문이다. 공약 불가능하고 서로 융합 불가능한 모든 가치의 항쟁을 피할 수 없는 다원적 세계에서 가능한 것이란 사람들이 '절망적 상황'으로 내몰리는 것을 피하는 일이다. "일반적 원칙으로 삼을 만한 최선의 행위는 절망적인 상황의 발생을 방지하고, 설령 불완전하더라도 참기 힘든 선택은 피할 수 있는 균형 상태를 유지해가는 것이다."[5]

그레이(John Gray)도 지적했듯이, 가치다원론은 가치상대주의와 달리 사회와 문화가 다르더라도 모든 사람들이 지지할 수 있는 일군의 공통적 가치가 있다는 것을 인정한다.[6] "다양한 사회 속에서 제 각각 존재하면서도 거기에는 공통의 가치가 존재하며, 대립하든 아니든 간에 인류의 역사를 통해 인류의 다수가 지지해온 가치가 있다. 그것이 보편적 가치는 아닐지라도 어쨌든 최소한의 공통가치, 그것이 없다면 사회의 존속이 불가능할 것 같은 가치가 존재한다."[7] 벌린은 모든 사람들이 공유할 수 있는 '최소한의 공통가치'의 최우선을 '극단적 고통' ― 가령, 노예제나 의식(儀式)으로서의 살인, 나치류의 가스실 등 ― 의 회피로 정의한다. 또한 그는 인간이 생활하는 데 없어서는 안 될 최소한의 필요를 충족하기 위해서는 – "굶주린 자에게는 식량을, 헐벗은 자에게는 의복을, 병든 자에게는 의료를, 집이 없는 자에게는 주거를" – 어떤 사람들의 자유가 제약될 수 있다는 것도 인정한다. 벌린이 가치일원론에 입각한 적극적 자유의 주장을 엄청난 위협이라고 말한 이유는, 그것이 사람들로부터 삶의 필수불가결한 많은 것들을 빼앗고 최악의 고통을 안겨준 사실을 '이상 추구'라는 명목하에 정당화해왔기 때문이다.

모든 가치 사이의 '불안정한 균형'을 유지함으로써 '공통악'을 회피한다는 것이 자신과 다른 가치를 추구하는 타자의 자유를 서로 용인하기 위한 '잠정협정(modus vivendi)'으로서 충분한 것인지는 모르겠다. 그러나 벌린은 타자가 다른 가치를 추구할 수 있다는 소극적 용인과는 또 다른 차원에서의 희망을 리버럴리즘의 신조로 거론하기도 했다. 요컨대 그것은 "다수의 개인 서로가 타자의 목적을 방해하지 않는 한 목적 그 자체의 가치를 평가하지 않고 가능한 한 다수의 목적을 실현할 수 있는 상태"[8]에 대한 희망이다. 이것은 가치의 다원성에 대한 소극적 용인일 뿐만 아니라 가치의 다원화(pluralization)를 적극적으로 긍정하는 사상이라 할 수 있다. 벌린은 소극적 자유의 옹호가 가치의 다원화를 위해 필요할 뿐만 아니라 그 자체로 충분한 것처럼 말했다. 그러나 사람들 모두가 제 각각 다르고 또 다르길 원하는 자유를 적극적으로 긍정한다는 측면에서 과연 이러한 소극적 자유의 옹호만으로 충분하다고 할 수 있을까. 외적 간섭이 없다는 조건을 확보할 수만 있다면 가치의 다원화를 촉진할 수 있는 것일까.

2. 자유의 질

소극적 자유의 개념에 대한 비판으로 가장 먼저 거론하고 싶은 것은 자유를 외부 간섭의 부재로 파악한 소극적 자유관은 자유의 문제를 선택지의 범위라는 양(量)의 문제로 환원함으로써 선택지의 질적 구별을 사상(捨象)시켜버린다는 비판이다. 테일러(Charles Taylor)는 「소극적 자유의 오류란 무엇인가(What's wrong with negative Liberty)」라는 논고에서, 어떤 행위자의 앞에 얼마만큼의 선택지가 열려 있는가 하는 것만으로는 그가 얼마나 자유로운지를 판단할 수 없다면서 다음과 같이 언급했다.

"자유는 사소한 것을 돌아보지 않는다(de minimis non curat libertas). …… 자유란 이미 외적 장애의 결여 그 자체만이 아니니라 중요한 행위, 즉 인간에게 있어 중요한 사항에 대한 외적 장애의 결여를 의미한다."[9] 가령, 교통신호에 의한 자유의 제한과 종교의 자유에 대한 제한을 그 중요도에서 동일하게 취급할 수 없듯이, 사람들에게 모든 선택지가 무차별적인 것이거나 등가적인 것일 수는 없다.

벌린이 강조한 것처럼, 만약 행위자에게 한 개의 문만 열려 있다면 설사 그에게 그 문이 최선의 것일지라도 그는 자유롭다고 말할 수 없다. 행위자에게 여러 개의 문이 열려 있고 거기서 선택이 가능한 것, 이것이 행위자가 자유로울 수 있는 최소한의 조건이다. 그러나 그 사람 앞에 몇 개의 문이 열려 있느냐의 문제와 그가 얼마나 자유로우냐의 문제 사이에는 단순한 상관관계가 성립하지 않는다. 애초에 행위자가 무엇을 선택지=문으로 인식하는가의 문제에서도 이미 질적인 구별은 전제되어 있다. 만약 행위자가 피하고 싶은 선택지만 열려 있다면 어떤 선택을 하더라도 그것은 자유로운 선택이라고 할 수 없다〔카터(Ian Carter)도 시사했듯이, 우리는 자신에게 무엇이 중요한 선택지로 파악되는지에 대해 항상 확고한 가치판단을 내릴 수는 없다. 그렇다면 얼마만큼의 선택지가 열려 있느냐 하는 양의 문제 역시 우리가 얼마나 자유로우냐의 문제와 전혀 관계없다고는 말할 수 없다〕.[10]

테일러가 논한 바와 같이, 행위자에게 선택지의 개수보다 선택지의 질이 중요하다는 것은 우리가 각각의 선택을 결정하는 배후에는 어떤 가치에 따라 자신의 삶을 영위하는가의 문제와 관련된 더욱 심오한 판단이 존재하기 때문이다. 테일러의 표현대로 자신이 긍정하는 가치에 따라 자신의 삶을 형성해가는 행위를 '자기실현'이라 한다면, 무엇을 자신의 선택지로 파악하고 그 속에서 무엇을 선택할 것인가에 대한 판단에는 '자기실현'을 위해 무엇이 중요한가에 대한 가치판단('엄정한 평가')이 포함되어 있다. 이런 점에서 자유를 단순히 '기회개념(opportunity-concept)' — 얼마만큼의 선택지가 열려 있는가 — 으로 환원하는 것은 잘못된 것이다. 테일러에 의하면, 우리는 자신의 선택을 그때그때의 욕구가 아니라 자신이 긍정하는 좀 더 근본적인 가치에 따라 결정하고자 한다. 이런 의미에서 자유는 '행사개념(exercise-concept)' — 스스로 자신(의 욕구)을 통제하는 행사 — 으로도 파악할 수 있다.

자유를 행위자 앞에 열려 있는 문의 개수로 환원할 수 없다는 테일러의 비판은 정당하다. 그러나 개개인의 선택에 앞서 좀 더 가치 있는 것과 그렇지 않은 것을 구별하는 '의미=중요성의 선행적 지평(a pre-existing horizon of significance)'의 존재를 인정해야 한다는 그의 적극적인 주장에는 의문의 여지가 있다.[11] 그에 따르면, 사람들이 선한 삶을 영위하고자 할 때 어떤 가치가 더 중요하고 덜 중요한가에 대한 판단은 온전히 개인적인 것이라 할 수 없다. 개인의 선택은 그것이 각자의 판단에 따라 자유롭게 행해진 것이어서 존중되는 것이 아니라, 그것이 '의미=중요성의 선행적 지평' — 그것을 공유하는 공동체 속에 각자의 삶이 놓여 있다 — 에 따른 것일 때 비로소 존중할 만한 것이 된다. 어떤 가치가 중요한가에 대한 판단이 개개인의 주관에 맡겨져 있다면 개개인의 자기 선택을 그대로 긍정하는 자유의 관념과 전혀 다를 바가 없기 때문이다. 선택에 관한 개인의 판단은 최종적인 것이므로 거기에 타자의 간섭을 일체 허용하지 않는 자유관에 대해 테일러가 강한 이의를 제기한 것도 이러한 사고에 기초한 것이다.

테일러의 논의의 문제는 그러한 개인의 가치판단을 유도하는 '의미=중요성의 선행적 지평'이 과연 누구에 의해 해석되느냐는 데 있다. 그 '지평'을 공유하고 있다고 간주된 공동체에게 해석의 '최종적 권위'가 맡겨져 있다면 그것은 '공통의 선'으로 자유를 억압한다고 볼 수밖에 없을 것이고, 또 그 해석에 사람들의 간주관적(間主觀的) 커뮤니케이션이 십분 반영된다면 그

'지평'을 공유하는 가치공동체라는 범위 설정은 의미가 사라지게 될 것이다.

3. 형식적 자유에서 실질적 자유로

소극적 자유의 개념에 제기된 두 번째 비판은 자유를 행위자에게 열려 있는 형식적인 선택지=기회의 범위로 파악함으로써 실제로 행위자가 그 자유를 달성하거나 향유할 수 있는지 없는지에 대한 매우 중요한 문제를 회피하고 있다는 것이다. 문이 밖에서 잠겨 있지 않다는 것과 행위자가 실제로 그 문에 접근할 수 있느냐 없느냐의 문제는 명백히 다른 것으로서, 외적 간섭의 부재는 행위자가 그 선택지를 실현할 수 있는 상태에 놓여 있다는 것을 반드시 보장하지는 않는다. 장애자가 실제로 '이동의 자유'를 누리기 위해서는 휠체어나 조력자가 필수적이며, 장기실업자가 실제로 '직업 선택의 자유'를 누리기 위해서는 노동시장이 요구하는 지식과 기능을 습득해야만 하는 것이다.

벌린도 이 문제를 무시하지 않는다. 그는 '자유'와 '자유의 조건', 즉 간섭의 부재로서의 자유와 실제로 자유를 누리기 위한 조건을 구별함으로써 사람들 사이에서 '자유의 조건'이 매우 불평등할 수 있다는 것을 인정한다.[12] 벌린은 이 사실을 인정함으로써 "사용할 수 없는 자유는 사용할 수 있도록 만들어야 한다"라고 하면서도, '자유의 조건'과 구별되는 '자유'를 옹호하는 것에 더욱 집착했다. 그러나 "이 구별이 무시되면 선택의 자유라는 의미와 가치가 폄하될 수 있기 때문에 자유가 진정한 가치로 될 수 있는 사회적·경제적 제 조건을 만드는 데 열중한 나머지 자유 그 자체가 망각되기 쉽다"라는 이유가 과연 설득력이 있는 것일까. '자유의 조건'이 빈약하기 때문에 실제로 자유를 누릴 수 없다 하더라도 자유 그 자체가 부정되지는 않는다는 주장이 과연 옳은 것일까.

이 책에서 정의한 바와 같이, 자유라는 것이 "사람들이 자기 / 타자 / 사회의 자원을 이용하여 달성·향유할 만한 가치가 있다고 스스로 판단한 것을 달성·향유할 수 있는 것"을 의미한다면, 외부 간섭의 부재(그 제도적 보장)는 자유 그 자체가 아니라 오히려 현실적으로 자유를 누리기 위한 '자유의 조건' 중의 한 부분이다. '자기 / 타자 / 사회의 자원' 역시 향유되는 자유 그 자체가 아니라 '자유의 조건'을 의미하는데, 자유란 항상 어떤 자원을 이용해야만 향유될 수 있는 것인 이상, 사람들이 독립적으로 향유할 수 있는 자유란 존재하지 않는다(우리는 간섭의 부재 그 자체를 현실적으로 누릴 수는 없을 것이다).

센은 '자유의 조건'이라는 불평등이 아닌, 사람들이 실제로 누리고 있는 자유 그 자체의 불평등을 문제시하는 관점을 확장했다. 그에 따르면, 롤스와 드워킨 등의 정치이론은 '자유의 범위'가 아닌 '자유의 수단'에 관심을 가졌기 때문에 사람들이 그것을 이용하여 실제로 무엇을 얻을 수 있는가를 평가할 수 있는 시점을 제공하지 못했다. 재화나 자원을 이용하여 사람들이 실제로 향유할 수 있는 자유가 얼마만큼 확대될 수 있는지를 평가하기 위해서는 '역량접근(capability approach) 방식'이 필요하다.

> 역량(capability)은 가장 가치 있는 모든 기능을 달성하는 자유를 반영한다. 그것은 자유를 달성하기 위한 수단이라기보다는 직접적으로 자유 그 자체에 관심을 둔 것으로서, 우리에게 열려 있는 실질적인 선택지를 의미한다. 이러한 의미에서 역량은 실질적인 자유를 증명하는 것으로 이해할 수 있다.[13]

'역량'이란 사람들이 가치 있다고 판단하는 '기능', 즉 사람들이 달성 혹은 향유할 수 있는 '상태와 행동'의 가능 집합을 보여주는 개념이다. 그것은 '자유의 조건'과 구별되는 '형식적 자유'가 아니라, '자유의 조건'을 이용해서 현실적으로 누릴 수 있는 '실질적 자유' 또는 '실효적 자유'를 의미한다. 이런 관점에서 '역량'을 '잠재능력'이라기보다는 '삶의 방식의 폭(幅)'(가와모토 다카시)으로 이해하는 것이 더욱 적절할 것이다.

사람들은 자원에 접근하는 능력이나 획득된 자원을 자유로 전환하는 능력에서 평등하지 않다. 동일한 자원이 주어졌다 하더라도, 가령 심신장애나 병의 유무 등에 따라 사람들이 획득할 수 있는 역량, 즉 사람들이 누릴 수 있는 실질적인 자유에는 엄청난 차이가 발생한다. 바꿔 말하면, 장애나 질병 등의 핸디캡을 갖고 있는 사람들이 실질적으로 동일한 자유를 누리기 위해서는 더욱 많은 자원을 필요로 한다. 센에 따르면, 자유를 누리는 데 있어 그러한 차이를 발생시키는 원인에는 심신장애와 같은 '개인적 특성'만이 아니라 '사회구조'도 포함되어 있다. 성차별이나 인종차별 또는 카스트제도 등의 사회적 차별과 억압하에 놓여 있는 사람들은 그렇지 않은 사람들에 비해 동일한 자원으로 누릴 수 있는 자유가 협소할 수밖에 없다.

센이 '역량'이라는 개념을 도입한 것은 사람들이 누릴 수 있는 자유를 비교·평가하고, 또 누구에게 어떤 자유를 박탈당하고 있는지를 밝히기 위해서이다(센에게 '빈곤'이란 기본적인 역량, 즉 기본적인 자유의 '박탈'을 의미하는 개념이다). 사람들이 객관적으로 소유한 자원과 사람들이 주관적으로 느끼는 효용으로 그 / 그녀가 자원을 이용하여 실제로 무엇을 달성할 수 있을지, 즉 그 / 그녀가 현실적으로 누릴 수 있는 자유의 폭이 어느 정도인지를 가늠할 수는 없다(효용은 기본적인 자유가 박탈된 경우에도 높아질 수 있다). 어떤 경우에 자유의 평등이 요구되며, 어떤 경우에 그렇지 않은가에 대해서는 제2부에서 검토하기로 하고, 여기서는 센이 자유의 향유 그 자체의 평등 또는 불평등을 물을 수 있는 시점을 제공하고 있다는 것을 확인하는 데에서 그치고자 한다.

4. 내적 제약의 문제화

여기서는 자유를 외부로부터의 간섭 부재로 규정하는 소극적 자유의 개념은 행위자 스스로 내면화하고 있는 자유에 대한 제약을 적절히 문제화할 수 없다는 점에 대해 비판적으로 고찰해 보려 한다. 사람들은 사회의 지배적 규범과 관행에 순응하거나 자신의 (열악한) 생활에 순응하는 방법으로 자신에게 열려 있는 문을 스스로 닫아버리는 경우가 있다. 가령, 가부장제 이데올로기를 완전히 내면화한 여성은 '현모양처'로 살아가는 삶을 자신에게 열려 있는 유일한 문으로 인식할 수도 있으며, 인종주의가 팽배한 사회에 살고 있는 흑인 소년 / 소녀에게는 현실에서 그려볼 수 있는 삶의 방식의 폭이 처음부터 제한되어 있을 것이다. 이처럼 타자의 간섭과 같은 외적인 장애에만 관심을 기울이는 접근은 내면화된 자유의 제약을 자유에 대한 제약으로 인식할 수 없게 한다.

인간은 자신의 욕구가 도저히 실현될 가망이 없다는 판단을 내릴 수밖에 없을 때, 그러한 단념에 따라 자신의 욕구 그 자체를 스스로 후퇴시켜 자신이 달성할 수 있는 범위로 선택지를 국한함으로써 부자유의 경험을 피하려는 경향이 있다. 자신이 무리 없이 실현할 수 있는 범위로 욕구 수준을 낮추면 낮출수록 더욱 자유로워진다는 역설이 여기에서 나오는 것이다. 벌린 또한 적극적 자유가 취할 수 있는 하나의 형태로서 '내부의 요새로의 퇴각'을 거론하면서 그것이 실질적으로는 자유를 위축시킨다는 점을 지적했다.[14] "달성할 수 없는 것은 욕망하지 않는다"라는 태도를 강고히 할수록 '자기 지배'가 좀 더 완전해질 수 있기 때문이다. 센이 중시한 이른바 '순응적 선호 형성(adaptive preference formation)' 개념도 결국은 이러한 욕구와 바람을 스스로 후퇴시킴으로써 부자유의 경험을 회피하는 문제를 부각시킨 것이다. 자신의 자유를 제약하는 조건을 바꾸는 것이 아니라 오히려 그것을 당연시함으로써 거기에 순응하는 방법으로 자신의 욕구〔選好〕를 형성한다면, 그것을 자유의 제약으로 받아들이는 것을 피할 수 있기 때문이다.

'순응적 선호 형성'은 자각하지 못한 상태에서 일어나는 경우가 대부분일 것이다. 눈앞에 있는 한정된 선택지 외에도 다른 선택지가 있을 수 있다는, 이른바 항사실적(抗事實的)인 상상의 기회조차 없다면 자유를 박탈당했다는 감각 그 자체가 무뎌진다. 일반적으로 자유에 대한 물음이 "원하지만 결코 이룰 수 없다"라는 부자유의 경험에서 비롯된다면, 또 다른 선택지를 구상할 기회 그 자체가 실질적으로 없는 경우에는 그런 물음이 생기지 않는다. 문이 없다고 간주될 때 문을 그려보는 자유 — '자기에 대한 자유' — 를 환기하는 것이 그러한 조건에 저항하는 길인데, 이에 대해서는 제2부에서 검토하겠다.

5. 부작위의 문제화

자유를 외부로부터의 의도적인 간섭의 부재로 파악하는 자유관은 행위자의 의도를 특정 지을 수 없는 비인칭 요인에 의한 자유의 제약을 문제시하지 않는다는 비판이 끊임없이 제기되었다. 소극적 자유의 개념이 간섭의 원천으로 상정하는 것은 그것이 개인이든 집단이든 또는 정부든 그 의도를 특정할 수 있는 행위자, 즉 어떤 명확한 의도를 갖고 간섭을 행하는 자의 존재다.

그러나 사람들이 경험하는 모든 부자유가 의도적인 간섭에 의해 초래된다고는 말할 수 없다. 일찍이 엥겔스(Friedrich Engels)는 사회의 저변에서 살아가는 사람들의 생존 기반의 파괴는 '살인으로 간주되지 않는 살인'(사회적 살인)이며, 나아가 그것은 '작위(作爲)'가 아니라 불특정 다수의 '부작위(不作爲)'에 의해 초래된다고 예리하게 간파했다.[15] 즉, 자유의 제약과 박탈은 특정 행위자의 의도적인 간섭이 아니라 불특정 다수의 — 의도하지 않은 — 간섭의 결여(부작위)에 의해 초래되는 경우도 많다는 것이다. 주지하다시피, 갈퉁(Johan Galtung)은 경제적·사회적 구조에서 야기된 자유의 제약과 박탈 — '어떤 사람이 현실에서 신체적·정신적으로 실현해낸 것이 그 사람이 지닌 잠재적 실현 가능성에 못 미치는' 것 — 을 '구조적 폭력(structural violence)'이라는 용어로 표현했다.[16]

실제로 존재하는 자유의 제약·박탈을 부정의(不正義)로 파악하는 것과, 그에 대한 책임이 있는 행위자와 그 의도를 특정할 수 있느냐 없느냐 하는 것은 별개의 문제다. '구조'라는 말을 사용한 것은 자유의 제약과 박탈이 다수의 사람들의 행위에 의해 초래된 것인데도 그 결과와 원인 사이에 명확한 인과관계를 설정할 수가 없기 때문이다. 종래의 책임 개념에는 그러한 '구조적 부정의'(I. 영)에 대한 책임을 물을 수 있는 행위자가 존재하지 않았다.[17] 이 문제를 천착해보기 위해서는 근대의 책임 개념을 재검토하고, 책임이 성립하기 위한 요건으로서 행위자의 의도와 예견 가능성을 중시하는 '약한' 책임론에서 탈피하여 행위 해석자에 따른 정의 — '행위자가 무엇을 했는가'와 관련된 행위를 당한 자에 의한 기술 — 를 중시함으로써 행위자의 의도의 유무로 책임을 묻는 '강한' 책임론으로의 전환을 도모할 필요가 있을 것이다.[18]

여기서 최소한 확인할 수 있는 것은, 자유의 제약이나 박탈이 특정 행위자의 의도로 돌릴 수 없는 구조적인 과정에 의해 야기된다 하더라도 그 구조의 재생산에 관여하고 있는 불특정 다수의 행위자의 책임이 면제되지는 않는다는 점이다. 영(I. Young)의 지적대로 그러한 책임을 '법적 책임'과 구별하여 '정치적 책임'이라고 한다면, 실제로 존재하는 자유의 제약·박탈이 심각한 것임에도 불구하고, 게다가 현재 입수할 수 있는 사회적 자원으로 — 또는 지적소유권 등에 관한 법제도의 변경 등으로 — 거기에 대처할 수 있음에도 불구하고 부작위로 그러한 자유의 제약·박탈이 방치될 경우 그 '정치적 책임'은 명백한 것이다. 소극적 자유의 개념을 옹호하는 리버럴리즘은 정부의 작위(간섭)에 대해서는 민감하면서도 이러한 부작위에 대해서는 그다지 민감하게 반응하지 않는다. 정부의 공적 활동으로 대응할 수 있음에도 그러한 대응이 이루어지지 않는다면, 그 정부를 조직하고 거기에 정통성을 부여한 사람들에게 '정치적 책임'이 귀결되는 것은 당연한 일이다.

6. 간섭 없는 자유에서 지배 없는 자유로

자유를 타자에 의한 현실 간섭의 부재로 정의하는 소극적 자유의 개념은 '간섭 없는 지배'라는 현상을 적절히 파악하지 못하고 있는 것이 아닐까. 이것은 주로 스키너(Quentin Skinner), 페팃(Philip Pettit), 비롤리(Maurizio Viroli) 등 현대 공화주의자들이 제기한 비판이다. 이들은 키케로(Cicero), 리비우스(Titus Livius)에서 마키아벨리(Machiavelli)를 거쳐 헤링턴(James Harrington), 밀턴(John Milton)으로 계승된 공화주의의 전통을 복권함으로써 자유를 개인의 선택에 대한 강제와 간섭의 배제로 정의한 리버럴리즘의 입장을 비판한다. 스키너는 로마의 전통에 편승한 이러한 공화주의 이론을 '네오 로마이론'으로 칭하고, 이것과 리버럴리즘의 차이를 다음과 같이 묘사했다.

> 그것(리버럴리즘과 네오 로마이론 사이의 논쟁)은 자유로운 국가의 성격에 대해 우리가 계승해온 사상사적 전통의 내부적 대립을 보여줍니다. 논쟁하는 양쪽 모두 국가의 제일의적인 목적 중의 하나가 시민 개개인의 자유를 존중하고 유지하는 것이라는 데에는 일치합니다. 한쪽(리버럴리즘)은, 국가는 단지 그 시민이 스스로 선택한 목적을 추구하는 데 부당하고 불필요한 간섭을 당하지 않도록 보장하는 것으로 그 서약을 이행하면 그만이라고 주장합니다. 그러나 다른 쪽(네오 로마이론)은 그것만으로는 불충분하다고 주장합니다. 국가는 동시에 시민이 회피

할 수 있는 타자의 호의에 의존하는 상태에 빠지지 않도록 보장하는 것이 반드시 필요하기 때문입니다. 국가는 그러한 개인적인 착취와 의존으로부터 시민을 해방할 의무뿐만 아니라, 행위 주체인 국가 그 자체가 우리의 일상생활을 통치하는 규칙을 적용할 때 보잘것없는 권위를 이용해 자의적으로 행동하지 않도록 주의할 의무가 있습니다.[19]

공화주의의 입장에서 보자면, 타자에 의해 현실적으로 간섭을 당하지 않는 경우에도 타자에 의존하고 또 그 의사에 복종하고 있다면 사람들은 여전히 자유롭지 않다고 할 수 있다. 가령, 관대한 주인 밑에 있는 노예와 강제를 교묘하게 피하고 있는 노예는 아무리 현실적 간섭에 노출되지 않고 자신의 의사에 따라 행동할 수 있는 '자유'를 갖고 있다 하더라도 주인의 자의적 간섭을 받을 가능성에 항상 노출되어 있다. 가부장제하에서 관대한 남성 밑에 있는 여성의 경우도 마찬가지일 것이다. 이런 경우 '주인'의 권력하에 있는 사람들이 간섭으로부터의 '자유'를 누릴 수 있는 것은 단지 그가 그 권력을 실제로 발동하지 않고 있기 때문일 뿐이다. 자유를 단순히 '간섭의 부재'가 아니라 '지배의 부재'로 재인식한다면, 관대한 통치자나 다수파의 선의에 기대고 있는 상태 또한 부자유한 것으로 생각할 수 있을 것이다. 공화주의에 의하면, 사람들이 '회피할 수 있는 타자의 호의에 의존하는 상태'에 빠지지 않도록, 즉 사람들이 타자의 자의적 간섭에 노출되지 않도록 보장하는 일이야말로 국가가 완수해야 할 적극적인 역할인 것이다.

페팃의 용어를 빌리자면, '지배의 부재'로 정의되는 '공화적 자유'는 법률에 기초한 국가의 간섭을 긍정한다. 법은 홉스나 벤담(Jeremy Bentham)의 경우에서처럼 사람들의 자유를 제약하는 외적 장애가 아닌 타자에 대한 의존이 초래한 지배 관계를 폐기함으로써 사람들의 자유를 창출하고 그것을 유지하는 것으로 재인식된다.[20] 바꿔 말하면, '공화적 자유'는 '법으로부터의 자유'가 아닌 '법에 의한 자유'로 규정되는 것이다〔이때 '법에 의한 자유'란 소극적 자유의 영역을 확정하는 원천이 주권적 권력이 아니라 법의 권위에 있다는 것을 의미하는 데서 더 나아가 법이 국가에 의한 '지배 없는 간섭'을 정통화(正統化)하는 원천이기도 하다는 것을 의미한다〕.[21]

그러나 법에 기초한 국가의 간섭이 '지배가 아닌 간섭'이라는 보장은 어떻게 가능할까. 리버럴리즘의 전통이 강조해온 것처럼 국가는 자유의 옹호자일 수도 있고 동시에 자유의 잠재적인 최대 위협일 수도 있다. 공화주의자들도 이 점을 인정하면서 리버럴리즘이 제공한 권력 제한의 구조 — 법의 지배(입헌주의), 권력분립, 관직의 교체 등 — 만으로는 국가의 권력 남용을 억제하기에 불충분하다고 주장한다. 벌린은 소극적 자유는 그러한 개인의 자유에 간섭하지 않는 독재정치(autocracy)와도 양립할 수 있고 오히려 민주주의(집단적인 자기 지배=자치)가 반드시 개인의 자유를 옹호하는 것은 아니라고 말했지만,[22] 공화주의자들은 이를 비판하면서 국가에 대한 민주적 통제의 의의를 재차 강조한다. 비롤리도 확인했던 바와 같이, 공화주의의 전통에서 자치는 자유의 전제이며, 법이 외부로부터 주어졌다는 것은 주인에 대한 노예의 의존에서 유추할 수 있는 사정과도 같다.[23] 사람들을 타자의 지배에 노출시키지 않기 위한 국가의 간섭 그 자체가 자의적이지 않으려면 그것이 간섭을 당하는 사람들의 의사에 따른 것이어야만 하며, 그 의사를 특정하기 위해서는 반드시 사람들의 민주적인 의사 형성이 필요한 것이다.

그러나 현대의 공화주의는 다음에 살펴볼 아렌트(Hannah Arendt)처럼 정치적 자유의 실천 그 자체의 의의를 고평하지만은 않는다. 공화주의에서 시민에 의한 자치 실천은 주로 시민의 비정치적인 자유를 지키고, 그것을 촉진하기 위한 수단으로 평가되며, 민주적인 정치 참여는 목적이라기보다는 오히려 자의적 간섭을 억제하기 위한 수단에 지나지 않는다.[24] 소극적 자유(시민적 자유)는 적극적 자유(정치적 자유)의 행사에 따라 보장된다는 공화주의의 태도는, '사적 법률'은 '공적 법률'을 필수적으로 요청한다는 하버마스에게도 수용되어 리버럴리즘(법적 지배와 권력 제한)과 공화주의를 연결하는 '토의(討議) 정치(deliberative Politik)'의 구상으로 편입되었다.[25]

7. 정치적 자유의 재생

피트킨(Hannah F. Pitkin)은 「프리덤과 리버티는 쌍둥이인가?(Are freedom and liberty twins?)」라는 논문에서 고대 그리스의 '엘레우테리아(eleutheria)'*와 고대 로마의 '리베르타스(libertas)'**

* 그리스어에서 '자유'를 의미하는 용어는 세 가지가 있다. 첫째, 엘레우테리아(eleutheria)는 가고 싶은 곳으로 갈 수 있는 자유, 즉 행위의 자유다. 둘째, 파레시아(parrhesia)는 언론의 자유를 뜻하고, 셋째, 아우타르키아(autarkia)는 자치와 자율을 의미한다. _ 옮긴이

** 국가 권력과 같은 자의적인 권력으로부터 빠져나올 수 있는 개인의 자유를 의

의 차이를 밝힌 바 있다.[26] 그녀는 이 두 자유의 의미와 변화를 상세하게 비교·검토했는데, 그리스의 '엘레우테리아'는 페르시아 전쟁을 계기로 데모크라시와 결합된 양상 — 자치를 위한 직접적·능동적인 정치 생활의 참여 — 을 강하게 보이게 된 반면, 로마의 '리베르타스'는 개개인의 '사적 안전성' 유지라는 좀 더 소극적·방어적인 양상이 강해졌다는 점을 지적했다. 이 양자의 차이는 이른바 '그리스적 전통'에 입각한 아렌트의 자유 개념과 '로마적 전통'을 부활시키려는 현대 공화주의의 자유 개념의 차이에서도 여실히 드러난다. '로마적 전통'이 능동적인 정치적 자유의 실천 그 자체를 강조하는 것이 아니라 그것을 비정치적 자유를 유지하기 위한 수단으로 파악한 데 반해, '그리스적 전통'에 입각한 아렌트는 정치와 자유는 동의어로서 정치란 단순히 비정치적 자유를 지키는 수단이 아니라는 점을 강조한다〔뒤에서 언급하겠지만, 아렌트는 행위나 사고에 있어서도 '행동하는(Bewegung / to move)' 자유를 중시하는데, 이때 그녀가 염두에 둔 것은 그리스의 '엘레우테리아'다〕.

그러면 '정치와 자유는 동의어'라는 반드시 자명하다고만은

미한다. _ 옮긴이

할 수 없는 아렌트의 이러한 주장을 어떻게 이해하면 좋을까.

우리가 자유와 그와 대립되는 것을 처음 자각하게 되는 때는 자기 자신과의 교류가 아니라 타자와의 교류를 통해서이다. 자유는 사고의 속성이나 의지의 속성이 되기 이전에 자유인의 상태, 즉 사람들이 움직일 수 있고 오이코스(oikos)*을 벗어나 세계 속에서 행위와 언어로 타자와 만날(to meet other people in deed and word) 수 있는 상태로 이해되었다. 이러한 자유에는 명확히 해방이 전제된다. 인간은 자신이 자유롭기 위해 생명의 필요로부터 자신을 해방시켜야만 했다. 그러나 자유의 상태란 해방의 작용에서 자동적으로 귀결되는 것이 아니다. 자유는 단순한 해방뿐만이 아니라 동일한 상태에 있는 타자와의 동석(同席)을 필요로 하며, 또한 타자를 만나기 위한 공통의 공공적 영역, 바꿔 말하면 자유로운 사람이라면 누구나 자신의 언어와 행동으로 표현할 수 있는 정치적으로 조직된 세계를 필요로 한다.[27]

* 공적 영역으로서의 폴리스에 대비되는 사적 생활 단위로서의 '집'을 의미하는 그리스어이다. __ 옮긴이

이 글에서 간취할 수 있는 것은 첫째, 자유란 '행위와 언어로 타자와 만날' 수 있다는 것을 의미하며, 따라서 자유는 개인이 단독으로 향유할 수 있는 것이 아니라 타자와의 관계를 통해 비로소 향유될 수 있다는 것으로 이해된다는 점이다. 자유는 각각의 개인에게 사적으로 귀속되는 것이 아니라 '타자와의 교섭'을 가능케 하는 공공적 공간에서 발생한다. "자유는 정치적으로 고유한 '사이〔間〕의 영역' 속에만 존재한다(Freiheit gibt es nur in dem eigentümlichen Zwischen-Bereich der Politik)."[28] 둘째, 아렌트에게 '해방(liberation)'과 '자유(freedom)'는 구별되어야만 하는 것이며, 필연성으로부터의 해방 — 생명의 필요로부터의 해방 및 압제로부터의 해방 — 은 사람들이 자유를 향유하기 위해 필요한 요건이기는 하지만 역시 자유와는 다른 것이다.

먼저 '자신의 언어와 행위로 타자와 만난다'라는 자유의 정의에 대해 검토해보자. 아렌트는 사람들이 무엇을 말하고 무엇을 행하는가에 상관없이 그 / 그녀들을 집합적 '속성'으로 간주하여 표상하고 처우하는 것에서 전체주의 폭력의 단서를 발견했다. 전체주의는 이데올로기에 따라 '객관적인 적' — 열등인종(유태인이나 로마인)이나 사멸해야만 하는 계급(clerk) 등 — 을 정의하고, 또 그 '객관적인 적'에게 테러를 가해 완전히 소멸시키려고 했다. 이러한 인식을 바탕으로 아렌트는, 벌린과 함께 전체주의의 지배라는 시대 경험을 공유했음에도 그와는 달리, 정치적 존재자의 자유, 즉 자신의 언어와 행위로 타자 앞에 현현하는 자유를 사람들이 서로 보장하는 관계가 상실된 데에서 전체주의의 대두와 제패가 가능했던 원인을 발견했다. 아렌트는 "생활의 모든 영역은 정치의 요구에 복종해야 한다"라는 전체주의의 과잉적 정치를 발견한 것이다. "정치적인 것이 점하는 공간이 작으면 작을수록 자유에 남겨진 영역은 넓어진다"라고 본 벌린의 리버럴리즘의 주장에 대해, 아렌트는 '정치로부터의 자유'를 박탈하는 것이 아니라 이른바 '정치의 자유'를 박탈하고 사람들 사이에서 '행위의 공간'을 제거하는 곳에서 전체주의의 성립과 존속의 조건을 발견한 것이다.

자유는 사람들의 집합적 속성이 아니라 자기 자신의 언어와 행위에서 타자가 판단한 관계성에 의해서만 향유될 수 있다(아렌트는 이런 관계 속에서 발생하는 권리를 '모든 권리를 지닌 권리'라고 표현했다). 그녀가 자유란 타자와의 교섭에 의해 비로소 경험할 수 있는 것이라고 했을 때, 타자의 존재는 스스로 응답받을 수 있는 상태로 존재하기 위한 조건인 동시에 자신과 타자 사이에 놓인 세계를 이해하기 위한 조건이기도 한 것이다. 자신이 경험하는 세계가 극히 한정된 이상 타자의 관점에서 보는 세계란 어떤 것인지, 그리고 왜 나에게는 그것이 보이지 않는지를 이해하기 위해서는 타자와의 의견 교환이 필요하다〔의견(doxa)이란 세계가 나에게 어떻게 보이는가(dokei moi)를 언어로 표현하는 것이다〕. 이때 자신의 의견이 타자에게 거부되었다면 그것은 세계가 그 두 사람에게 결코 동일한 측면을 보이지 않았기 때문이다.

> 의견을 서로 교환하는 자유의 경우 사정은 완전히 다르다. 그것은 타자와의 교류를 통해서만 가능하다. …… 당시(고대)에도 오늘날에도 여전히 중요한 것은 누구나 자기가 말하고 싶은 것을 말할 수 있다든가 자기 뜻대로 자신의 의견을 피력할 권리를 천부적으로 갖고 있다는 것이 아니다. 오히려 여기서 가장 중요한 것은 자신과 동등한 동료가 없다면 누구든 혼자서 모든 객관적인 현상을 자신의 입장에서 현실 전체로 파악하기 어렵다는 점이다. 왜냐하면 인간에게는 그 사람이 처해 있는 세계 속의 입장에서 하나의 시점으로만 사물이 보이고 현상되기 때문이다. …… 의견을 서로 교환하는 자유를 통해 비로소 본래의 세계가 파악되고 다방면에서 가시적인 객관성이 드러나는 것이다. 현실 세계에 존재한다는 것은 타인과 세계에 대해 의견을 나눈다는 것과 근본적

으로 동일한 것이다. 그리스인에게 사적인 생활이 '어리석게' 보이는 것은 사적인 생활이 무언가에 대해 대화할 수 있는 다양성을 차단함으로써 세계 속의 살아 있는 경험이 차단되기 때문이다.[29]

'의견을 서로 교환하는 자유(Freiheit des Miteinander-Redens)'란 '세계에 존재한다'거나 '사람들 사이에 있다'는 것과 같은 뜻으로서, 이 자유는 각각 다른 것으로 환원 불가능한 관점의 복수성(複數性, plurality)이 상실되면 향유할 수 없게 된다. 어떤 사람의 의견에 남을 압도하는 무게가 부여될 경우 관점의 복수성은 훼손될 수밖에 없다. 아렌트가 정치적 영역에서 인간과 인간의 평등권(isonomia)을 요구한 것은 이 때문이다. 이와 마찬가지로 어떤 사람의 의견이 실질적으로 축소된 경우에도 관점의 복수성은 훼손된다. 어떤 사람의 의견이 이 세계에서 상실된다는 것은 그만큼 이 세계를 이해하기 위한 조건이 부족해지는 것을 의미한다. 자신의 의견을 말하는 정치적 자유가 한 사람 혹은 소수자의 소유가 된다거나 그것이 어느 누구에게도 박탈당하는 일이 없도록 하는 것, 아렌트가 말한 '세계의 자유(freedom of the world)'에 대한 관심이란 이러한 의견의 복수성을 유지하는 일에 대한 관심을 의미한다.

둘째, 아렌트에 따르면, 결핍과 억압으로부터의 해방은 자유를 위한 조건이기는 하지만 그로 인해 자유가 자동적으로 주어지는 것은 아니다.[30] 이 입론(立論)에서 '결핍과 공포로부터의 자유'[31] — 아렌트는 그것을 'freedom'과 구별해 'liberties'로 표기한다 — 가 정치적 자유를 누리기 위한 전제 조건으로 긍정되고 있다는 점을 우선 확인해둬야겠다. 근대의 시민적 권리를 상징하는 소극적 자유는 동일선상에서 정치적 자유와 서로 대립하지는 않는다(요컨대 아렌트의 논의에서도 정치적 자유가 자유 전체를 포함하는 것은 아니다). 그러나 소극적 자유를 향유하는 것 자체는 권력을 제한하는 규범과 법률에 의거한 어떤 종류의 독재체제하에서도 가능한 것이다. 아렌트의 관심에서 중요한 것은 '억압으로부터의 해방' 그 자체가 아니라 그러한 '억압으로부터의 해방'이 '자유의 구성(체)'을 가능하게 할 수 있는지의 여부다.[32]

근대 혁명의 역사는 (미국의 독립혁명은 부분적인 예외로 치고) 다수의 사람들이 정치적 자유를 향유할 수 있는 공간을 일시적으로 창출했으면서도 결국에는 그것을 일부의 소유로 귀속시키는 과정을 반복해왔다. '억압으로부터의 해방'이 '자유의 구성'이 아니라 새로운 억압의 창출을 초래한 것도 혁명이 진행되면서 '행위의 공간'이 점차 폐쇄되고 다수의 사람들이 실질적으로 정치적 자유를 상실했다는 사실과 관련이 있다. 가령, 투표함이라는 '공적 공간'이 남아 있기는 하지만, 그 공간이 사람들 사이에 존재하면서 언어와 행위로 타자와 대면할 자유를 가능케 할 정도는 못 된다. 모든 사람들이 – 의욕을 갖고 있다면 – 정치적 자유를 누릴 수 있는 '자유의 구성'은 해방이 가져온 자동적 귀결이 아니라, 다양한 의견을 가진 사람들에게도 정치적 자유를 보장하는 관계성이 존재할 때 비로소 가능해진다. 아렌트가 정치적 자유를 경험해야 할 영역에서 사람들이 위축되는 사태를 강하게 비판했을 때 염두에 두었을지도 모르는 다음의 룩셈부르크(Róża Luksemburg)의 말은 거듭 상기해도 좋을 것이다(아렌트는 룩셈부르크의「러시아 혁명론(Die russische Revolution)」을 읽고, 그녀는 "어떤 환경에서든 개인적인 자유뿐만 아니라 공공적인 자유가 절대적으로 필요하다는 것을 강조했기" 때문에 자유를 당에 바칠 것을 요구했던 동시대의 다른 혁명가들로부터 고립되었다는 점을 언급했다).[33]

정부의 지지자들만을 위한 자유, 특정 당원만을 위한 자유는 – 그것이 다수일지라도 – 결코 자유라고 할 수 없다. 자유란 언제나 다른 사고방식을 지닌 사람의 자유를 일컫는다. 그것은 '정의'에 대한 판타지 때문이 아니라 정치적 자유가 우리를 가르치고 우리를 바르게 이끌며 우리를 정화시키는 힘에 관계하고 있기 때문이다. 만약 '자유'가 누군가의 사유 재산이 되었다면 그것은 그 기능을 상실해버렸기 때문이다.[34]

아렌트는 전체주의의 경험을 통해 "정치로부터 어떤 적절한 자유를 보장받을 수 있기 때문에, 그리고 그것을 보장받는 한 정치와 자유는 양립할 수 있다는 사고"[35]는 오히려 정치적으로 위험하다고 비판했다. 이러한 자유의 탈정치화는 사람들의 관심을 사적인 것으로 국한시키는 경향을 조장함으로써 '세계의 자유'에 대한 관심으로 유지되어야 할 정치적 영역을 공동화(空洞化)하기 때문이다.

지금까지 자유를 간섭의 부재 — '나 자신의 선택을 타자로부터 방해받지 않는 것'(I. 벌린) — 로 정의한 소극적 자유의 개념에 제기된 비판을 검토해보았다. 이 비판들에 따르면, 소극적 자유의 개념은 ① 선택지를 질적으로 구별하여 그 가치를 비교하는 시점을 결여하고 있다는 점, ② 행위자에게 선택지가 현실적으로 접근 가능한 것인지의 여부를 도외시하고 있다는 점, ③ 행위자 자신의 내적 제약으로 인해 선택지가 봉쇄될 수 있다는 것을 문제화하지 않는다는 점, ④ 의도적인 간섭이 아닌 구조적인 요인으로 인해 발생하는 부자유와, 부작위에 의해 방치된 부자유를 자유의 제약·박탈로 파악하지 않는다는 점, ⑤ 간섭이 부재한 경우에도 지배가 존재할 수 있다는 것을 적절히 비판하지 않았다는 점, ⑥ 타자와의 '관계〔間〕'에서만 향유될 수 있는 정치적 자유를 그 개념에서부터 축소하고 있다는 점에서 문제가 있다. 자유가 '개인의 행동에 대한 / 외부로부터의 / 의도적인 / 간섭의 부재'로 규정되는 한 심각한 부자유가 허용될 수 있다는 것이다.

이 책의 서두에서 "자유란 사람들이 자기 / 타자 / 사회의 자원을 이용하여 달성·향유할 만한 가치가 있다고 스스로 판단한 것을 달성·향유할 수 있다는 것을 의미한다"라고 정의했다. 이 정의에는 어떤 사람이 자유롭기 위해서는 그 / 그녀의 앞에 적어도 복수의 선택지가 열려 있고, 그 선택지 속에 그 / 그녀가 자신의 가치관에 따라 바람직하다고 판단한 내용이 포함되어 있으며, 또 그때 그 / 그녀는 그 선택지를 실현하기 위해 필요한 자원에 정당하게 접근할 수 있다는 것 — 타자의 호의(자의)에 의

존할 필요가 없다는 것 ― 이 내포되어 있다. 이 장에서 검토한 바를 근거로 그 / 그녀의 '판단'은 자신의 내적 제약을 문제시할 수 있는 반성적 평가(reflective evaluation)가 개입되어야 한다는 것, 그리고 '달성·향유할 수 있다'는 것에는 그것이 의도적으로 초래된 것이냐 아니냐에 상관없이 입수할 수 있는 사회적 자원(제도적 자원을 포함)으로 제거할 수 있는, 제약과 구속이 없다는 의미가 포함되어 있다는 점이 강조되어야 할 것이다. 이에 따라 앞서 정의한 규범적 함의를 좀 더 부각시켜보면 다음과 같다.

자유란 사람들이 정당하게 접근할 수 있는 자기 / 타자 / 사회의 자원을 이용하여 달성·향유할 만한 가치가 있다는 반성적 평가에 기초하여 스스로 판단한 것을 타자의 작위 / 부작위에 의해 저지당하지 않고 달성·향유할 수 있는 것을 의미한다.

이렇게 자유를 재정의하더라도 여전히 풀어야 할 몇 가지 중요한 문제가 남아 있다. 첫째, 어떤 종류의 자유를 실현할 때 사회적 자원을 이용하는 것이 정당화되느냐는 문제다. 사회적 자원에 한계가 있는 이상 사람들이 '달성·향유할 만한 가치가 있다고 스스로 판단한 것' 전체를 실현할 수는 없고, 또 그것이 공공의 자원인 이상 사람들의 가치판단이 대립·경합할 경우 어떤 사람의 가치판단이 다른 사람의 그것보다 우선시될 수 없다. 둘째, '달성·향유할 만한 가치가 있다'는 것을 자신의 판단에 따라 선택해야만 하는 '자기'를 자명한 단위로 간주할 수 없다면 그 '자유'를 어떻게 파악해야 하느냐의 문제다. '자기'는 폐쇄된 단일체(unit)가 아니라 이미 타자와 관계를 맺고 있고, 또 그 규정에 얽매여 있기도 하다. 근대의 리버럴리즘에서처럼 타자와의 모든 관계를 버리고 추상적 개인의 속성으로 자유를 규정하는 것이 적절치 않다면, 시시각각 타자와의 관계에 따라 규정되는 '자기'의 자유는 어떻게 정의될 수 있느냐 하는 문제인 것이다.

다음 장에서는 먼저 배타적인 주권성과 자유를 동일시하는 사고방식을 비판하면서 동시에 자유에는 이른바 '자기에 대한 자유'가 그 계기로서 포함되어 있다는 점을 조명하고자 한다. 이어서 사회적 자원을 이용하여 공공적으로 보장되어야 할 자유란 무엇인지를 검토할 것이다. 이때 자유를 두 개의 차원 — 공약적 차원과 비공약적 차원 — 으로 분절화(分節化)하여 각각의 차원에서 자유를 옹호하는 방법이 다르다는 점을 밝혀보고자 한다.

제2부

자유의 옹호

freedom

Isaiah Berlin, Hannah Arendt
Michel Foucault, John Rawls, Judith N. Shklar
Amartya Sen, Friedrich A. Hayek

제3장 자유의 재정의

1. 자기에 대한 자유

근대 리버럴리즘의 자유관에서는 자신에게 열려 있는 선택지 앞에서 자기의 의사로 결정해야 하는 '자기'를 고정적이고 자명한 것으로 상정한다. 더욱이 이러한 자기는 자유를 위해 타자의 의사를 배제하고 스스로를 지배할 수 있는 주체여야 한다. 이러한 사고에 따르면, 사람들은 자유롭기 위해서 자기에 대한 주권성(배타적이며 일원적 지배)을 확립하고 비주권적 요소는 철저히 배제해야 한다. 과연 그러한 주권성의 확립은 가능한 것일까.

앞에서 언급했듯이, 벌린은 이성적인 자기 지배라는 적극적 자유의 관념은 이성을 체현한다고 간주된 사람에 의한 타자 지배를 유도한다는 관점에서 자유와 자기 지배를 동일시하는 것에 대해 비판했다. 한편 아렌트는 인간의 복수성을 옹호한다는 관점에서 자유와 주권성은 동일시될 수 없을 뿐만 아니라 양립 불가능하다고까지 명언했다(이 두 사상가는 언뜻 대조적인 입장을 취하는 것 같지만, 이들은 가치일원론 — 특히 역사의 필연성이라는 관념 — 을 철저히 비판하는 입장을 공유하고 있다. 그러므로 아렌트의 자유 개념이 벌린이 말한 '적극적 자유' 개념에 대응한다는 견해는 타당하지 않다. 그녀는 자유를 비주권적인 것으로 이해하며, 사람들 '사이〔間〕'를 초월하는 대문자의 주체 관념을 거부하기 때문이다).

> 기본적인 오류는 주권성과 자유를 동일시한다는 것, 그리고 그 동일시는 철학적·정치적 사고에 의해 항상 자명한 것으로 간주된다는 점에 있다. 만약 주권성과 자유가 동일한 것이라면 어떤 인간도 자유로울 수 없다. 왜냐하면 주권성, 즉 완고한 자기완결성과 지배는 복수성이라는 조건 그 자체와 모순을 일으키기 때문이다.[1]

> 전통 철학의 개념틀 내에서 자유와 비-주권, 바꿔 말하면 주권성이 결여되어 있음에도 사람들이 자유로울 수 있는지를 이해한다는 것은 매우 어려운 문제다. 실제로 인간이 주권적이지 않다

> 는 사실을 이유로 자유를 부정하는 것이 비현실적인 것과 마찬가지로, 인간은 주권적일 때에만 — 개인이든 집단이든 — 자유로울 수 있다고 믿는 것은 위험하다. …… 인간의 조건은 한 사람이 아니라 복수의 인간이 이 세상에 살고 있다는 사실에 의해 규정되며, 이러한 조건하에서 자유와 주권성은 완전히 이질적인 것이므로 그것이 동시에 존재한다는 것조차 불가능하다. …… 사람들이 자유롭기 위해서는 이 주권성이 방기되어야 한다.[2]

자유와 주권성을 동일시하면서도 자유로운 주체들이 서로 어떤 관계를 맺을 수밖에 없다는 사실을 인정한다면 다음의 두 가지 논리로 귀결된다. 즉, 완전한 주권성이란 애초에 불가능한 것이므로 자유라는 관념 그 자체를 부정하거나, 그렇지 않으면 자신의 주권성을 위협하는 타자의 주권성을 폐기하고 자신의 의사대로 타자를 지배함으로써 자유를 확립하는 것이다. 후자의 경우에는 자신의 주권성=자유를 확립하기 위해 타인의 주권성=자유를 부정할 수밖에 없게 되므로 "모든 타자에 대한 자의적 지배", "현실 세계를 타인이 존재하지 않는 가공의 세계로 바꾸는" 결과를 초래하게 된다.[3] 복수성이라는 조건이 지시하는 것은 자신과 근본적으로 다른 타자가 이 세계에 존재한다는 것, 따라서 이 세계는 자신만의 것이 아니라는 사실이다. 자유와 주권을 동일시하는 한, 자유는 이러한 복수성이라는 조건을 파괴할 수밖에 없다.

주권성이 없으면서도 자유로운 것. 아렌트가 제기한 이 자유의 관념을 어떻게 이해하면 좋을까. 그녀가 주장하는 것은, 절대적 주권성을 이른바 상대적 주권성으로 격하하고 그렇게 격하된 주권성을 서로 승인해야 한다는 의미에서의 상호 승인이 아니다. 전략적인 타협 형성으로서의 상호 승인은 권력관계가 변화하고 타협할 필요가 없어지면 즉시 소멸되어 한쪽에 의한 다른 쪽의 지배를 유도하게 될 것이다. 아렌트가 추구하는 것은 배타적 자기 지배라는 '환상' 그 자체를 불식하고, 사람들이 타자 사이에 존재하는 한 자신은 타자에게 열려 있다는 것, 그 때문에 자기 내부에도 자기가 지배할 수 없는 어떤 것이 존재한다는 사실을 받아들이는 것이다. 그녀가 자기에 관한 일의적(一義的) 동일성(identity) 관념을 거부하고 자기의 '정신적 삶'을 일종의 복수성〔'이원성(duality)'〕으로 특징지은 것도 이런 사고에 근거한 것이다.

아렌트의 견해에 따르면, 자기가 타자와의 교섭에 노출되어 있고 그 교섭으로 인해 자기에게 변화가 생기는 것 — 모든 가치의 배치가 변화하는 것 — 은 자기의 자유가 부정되었다는 것을 의미하는 것이 아니다. 내가 자유롭기 위해 피해야 할 것은 타자가 나를 대신해 판단하는 것이지 타자가 나와 교섭하면서 내게 영향을 끼치는 그것이 아니다. 오히려 나와 다른 관점에서 세계를 이해하고, 나와 다른 가치와 의견을 가진 타자와 '만나는' 자유는 자기가 스스로 자유롭기 위한 조건이기도 하다.

만일 주권적 주체가 추구하는 일의적이고 투명한 자기 지배가 확립된다면 자기의 삶은 모든 가치를 통괄하는 위치에 있는 어떤 가치의 지배하에 놓이게 될 것이므로 자기가 근본적으로 변할 수 있는 가능성은 사전에 차단된다. 따라서 자기가 실제 무엇인가로 존재하면서 동시에 '다른 사람처럼' 존재할 수 있는 비결정성을 내포한 자유는 부정될 것이다. 그러한 자유에서는 흔들림 없는 자기 지배가 오히려 질곡이며, 우리가 서로 '자기에 대한 자유'를 내포한 존재자로 존재하기 위해서는 주권성을 포기해야만 한다.

푸코 역시 자유와 주권성의 동일시를 거부하면서 자기 자신에 대한 자유의 창출을 강조한 사상가 중의 한 명이다. 잘 알려져 있듯이 그는 『감시와 처벌(Surveiller et punir)』(1975), 『성의 역사(Histoire de la sexualite)』(1976, 1984) 등의 저작에서 법적 권력과 규율 권력이 각각 다른 방식으로 근대의 사회질서를 유지해왔음을 밝힌 바 있다. 법적 권력은 금지의 이면에 '법적 주체로서의 시민'이 자유를 향유할 수 있는 영역을 허용한다. 그에 반해 규율 권력은 '개개인의 살아 있는 신체'에 직접 작용하여 개개인이 추구하는 삶을 이상적인 표준(norma)에 맞춰 정상화하려는 시도로서, 사람들에게 권력에서의 자유로운 영역을 남기지 않는다. 규율 권력은 법적 권력처럼 '규칙으로서의 규범'으로 사람들의 외적 행동을 통제하는 것이 아니라, '규격으로서의 규범'을 사람들이 문자 그대로 몸에 익혀 그에 따른 방식으로 자기 삶을 조직할 것을 요구한다. 사람들은 자신에게 주어진 규율의 시선을 내면화함으로써 자신을 그러한 권력을 지탱하는 원천으로 만들어간다. 유능한 주체가 되고자 하는 사람은 자신의 내적 기제를 통해 자신을 장악한 해당 권력관계를 생산하고 지탱하며, 거기서 개인의 자유는 사회의 질서화에 적합한 자기 삶의 질서화로 편입된다〔푸코는 이 기제를 '주체화=종속화(assujettissement)'라는 용어로 표현했다〕. 권력관계의 외부가 존재하지 않는 경우 그 속에서 자유롭다는 것은 대체 무엇을 의미하는 것일까.

푸코에 의하면, 자유는 권력관계의 외부에 있는 것이 아니라 권력관계에 내재하는 것이다. 권력관계란 사람들이 서로 타자의 가능한 행위에 작용하려는 행위에 의해 조직된 관계성을 가리키지만, 그것이 타자에 의한 통제를 거부하거나 그에 저항하여 다른 방식으로 행위할 가능성이 있는 한 사람들의 자유를 부정하지는 않는다. 좀 더 정확히 말하면, 권력관계는 오히려 자유가 거기에 내재한다는 것을 존립 조건으로 삼는다.

> 타자의 행위에 작용하는 행동양식으로서의 권력 행사를 규정할 때, 즉 타자에 의한 인간의 지배가 초래한 권력의 행동 — 광의의 의미에서 — 을 성격 지을 때, 이 규정에는 가장 중요한 요소인 자유가 포함되어 있다. 권력은 자유로운 주체, 즉 사람들이 자유로울 때에만 행사된다. 이는 결국 행위가 이루어져야 할 몇 가지의 방법, 다양한 반응과 행동이 실현될 가능성의 영역에 직면한 개체적·집단적 주체인 것이다. 결정적인 요인이 포화상태인 곳에서는 권력관계가 존재하지 않는다 — 사슬에 묶여 있는 노예제에서는 권력관계가 성립되지 않는다. …… 결국 상호 배타적인 권력과 자유가 마주하는 대립(자유는 권력이 행사되는 곳에서 소멸한다)은 존재하지 않으며, 거기에는 훨씬 복잡한 (권력과 자유의) 상호작용이 존재하고 있다.[4]

이처럼 푸코는 자유와 권력을 상호 배타적인 것으로 보지 않는다. 권력관계 안에서 자유롭다는 것은 자신이 타자의 영향을 받으면서 타자에게 영향을 주고, 타자의 저항을 받으면서도 그 가능한 행위에 작용할 수 있는 것으로서, 자기와 타자 사이에 어느 정도 비대칭성이 있더라도 그 가역성 및 가변성이 훼손되지 않는 한 권력관계에는 자유가 내재되어 있다. 권력관계에서 자유가 소멸할 때는 그러한 비대칭성이 고정화되어 가역성 및 가변성이 사라진 경우다. 푸코는 한쪽이 다른 쪽의 의사에 복종하여 거기에 저항할 가능성을 상실한 상태를 권력관계와 구별하여 '지배 상태'라고 부른다.[5] 권력관계 그 자체는 반드시 피해야만 할 '악(惡)'은 아니지만, '지배 상태'는 반드시 그로부터의 해방을 지향해야 하는 '악'이다.

여기서 주목하고 싶은 것은, '지배 상태'에서는 지배당하는 자의 자유뿐만 아니라 타자를 지배하는 자도 자유를 잃게 된다는 점이다. 자기의 가능한 행위에 작용해오는 타자와의 교섭이 사라진다면 그것은 자신이 자유롭기 위한 조건을 잃어버리는 것이다.[6] 이런 점에서 권력관계란 타자에 대항하는 자유일 뿐만 아니라 자기 자신에게 대항하는 자유를 가능케 하는 관계성을 의미하며, 그것이 '지배 상태'로 전화(轉化)되면 타자가 현전(現

前)하는 관계성을 상실하게 되는 것이다.

주지하다시피 후기의 푸코는 '자기에 대한 배려(souci de soi)'를 탐구의 주제로 삼았는데, 여기서 그가 문제시한 것은 어떻게 '자기에 대한 자유'가 가능한가 하는 점이었다. '자기에 대한 배려'는 — 같은 시기의 '통치성'에 대한 관심도 중시하자면 — 종종 '생존의 미학'으로 해석되는 자기 윤리와는 다소 이질적인 측면을 포함한다. '자기에 대한 배려'는 한편으로는 '자신의 삶이 어떤 미적 가치를 담당하도록' 하기 위해 자기의 삶에 어떤 종류의 양식을 부여하는 것을 의미하며, 다른 한편으로는 자기를 통어(統御)함으로써 자기에 대한 — 쾌락이나 욕망에 대한 — 자유를 확보하는 것을 의미한다. 푸코는 고대의 시민이 자기 자신과의 관계에 있어서 자신의 자유를 확립하는 자기 통어가 자유인에게 걸맞은 실천으로 중시되었다는 사실을 언급하면서 다음과 같이 말했다.

> 개인적 자유가 …… 반드시 자유 의지의 독립 상태로 이해되어야 하는 것은 아니다. 개인적 자유에 대립하는 것, 그 반대의 극점에 있는 것이란 자연적 결정론도 전능한 권력의 의지도 아닌 노예 상태 — 특히 자기에 의한 자기의 노예 상태다. 쾌락에 대

해 자유롭다는 것은 쾌락에 지배당하지 않는다는 것, 즉 쾌락의 노예가 되지 않는 것이다. …… 개인적 자유란 비노예 상태 그 이상을 가리키는 것으로서, 개인이 외적·내적 구속으로부터 독립한 해방 그 이상의 상태다. 가장 충실하고 적극적인 형식에서의 자유란 인간이 타인들에게 행사하는 권력구조 속에서 자기 자신에게 행사하는 권력이다.[7]

폭군이 그렇듯이, 자신의 욕망에 사로잡힌 자는 타자에 대한 자신의 권력 남용을 억제할 수 없다. 자기 자신에게 행사하는 권력으로서의 자유는 '자신의 욕망으로 인해 자기가 압도당하는 것'과 '타자를 자기의 권력으로 압도하는 것'을 피하는 것, 즉 자기에 대한 자유와 타자의 자유를 함께 유지하기 위한 필수 조건이다.

자기의 자유를 창출하는 '자기에 대한 배려'에는 스스로 자기 행동에 거리를 두고 이를 문제화하는 '사고(思考)'의 운동이 내포되어 있다('자기 자신으로부터의 이탈을 항상적으로 가능하게 하는 것'은 '지식인의 윤리'로도 묘사된다).

사고는 행동을 결정할 수 있는 심적 태도의 영역과도 다르다.

> 사고는 행동에 의미를 부여하는 것이 아니라 오히려 그러한 행동과 반응 양식으로부터 거리를 두고, 그것을 사고의 대상으로 삼아 그것의 의미, 조건, 목적을 물을 수 있게 하는 것이다. 사고란 자신의 행동에 대한 자유이며, 자신이 행위하는 것으로부터 사람이 신체를 떠나 그것을 대상으로 구성하고 문제시하는 운동인 것이다.[8]

자신의 사고나 판단의 습관 또는 행동의 습관으로 자신이 어떻게 포착되는가를 반문함으로써 자기 자신을 문제 삼는 것. 이러한 자기 문제화가 없으면 자기의 삶 속에 개입하여 자기의 삶을 – 반대로 타자의 삶도 – 규정하는 권력관계는 가변성을 상실하게 될 것이다. '자기 행위에 대한 자유'로서의 '자기에 대한 배려'는 개인의 내적 관계(intra-personal)를 문제시함으로써 타자와의 관계(inter-personal)를 문제 삼을 수 있다는 의미이며, 이것이 바로 일상의 권력관계에서 행사되는 자유의 실천이다.

푸코는 아렌트와 다른 각도에서 '비주권적이지만 자유로운 것'을 옹호했다. 자기에게 권력을 행사하는 타자가 존재하고 또 그 타자와의 끊임없는 교섭이 존재한다는 사실은 자신이 부자유하다는 것을 의미하는 것이 아니다. 오히려 자유가 거기에 내재한 타자와의 관계성을 유지하기 위해 버려야만 하는 것은 배타적 주권성인데, 그것은 자신도 어떻게 할 수 없는 방식으로 스스로 압제에 굴복하는 것이다. 아렌트와 마찬가지로 푸코는 해방 행위가 자동적으로 자유를 주는 것은 아니라는 점을 강조하면서 자신에 대한 자유를 스스로 창출하는 실천을 이른바 해방 이후의 권력관계에서 지배 효과를 드러내지 않기 위한 주요 조건으로 보았다〔아렌트와 후기의 푸코는 '진실을 말한다'라는 '파레시아(parrhesia)',* 즉 조직화된 허위와 외부의 압력에 저항하는 언론의 자유를 옹호하고자 한 점에서도 공통의 관심을 표명하고 있다〕.[9]

코넬(Drucilla Cornell)은 자기 자신에 대한 자유의 창출을 특히 섹슈얼리티에 관한 자유라는 문맥에서 좀 더 구체적으로 논했다. 그녀가 옹호하는 것은 '상상적 영역(imaginary domain)'에 접

* 서양의 언론의 자유 및 자유언론의 기원이 되는 '파레시아'는 '솔직함(frankness)', '진실(truth)', '위험(danger)', '비판(criticism)', '의무(duty)'의 다섯 가지 요소로 구성된다. 푸코에 따르면, 언론의 자유 / 자유언론이란 권력에 대해 진실이라는 이름으로 솔직하게, 위험을 무릅쓰고 말할 수 있는 의무에 해당하는 것으로, 목숨을 걸고 진실이라고 믿는 바를 발언할 수 있는 지적 책무다. 따라서 언론의 자유 / 자유언론은 '두려움 없는 발언(fearless speech)'이다. _ 옮긴이

근하는 자유다. "상상적 영역이란, 만일 우리가 우리 자신을 목적으로 삼고 우리 자신을 인격으로서 주장한다면 어떻게 될 것인가에 대해 상상할 수 있는 '개연성 있는' 공간이다."[10] 이 '상상적 영역'이란 사회가 부여한 아이덴티티의 무게에 대항하여 자기 삶의 존재 방식 / 삶의 가능성을 다시 상상할 수 있는 영역이며, 여기에 접근하는 자유를 얻을 수 있을 때 비로소 사람들은 기존의 자기 정의 — 자신이 어떤 사람인지에 대한 자기 이미지 — 에 대해 비판적 거리를 획득할 수 있게 된다.

우리가 '자기 결정'이나 '자기 선택'의 주체로 표현될 때, 이 '자기'에는 이미 사회에 의한 규정성이 짙게 배어 있다. 사회의 지배 이데올로기에 따라 과도한 아이덴티티 혹은 열등한 아이덴티티를 감당해온 사람들이 이런 '자기'의 아이덴티티에 근거해 선택이나 결정을 한다면 '자기' 그 자체는 그 / 그녀에게 부자유의 원천이 될 수밖에 없다. '상상적 영역'은 사람들이 타자나 사회가 자신에게 투영한 이미지를 거부하면서 자기의 재-상상(re-imagination), 즉 자신이 '다를 수도 있다는 것'을 마음에 그려볼 수 있게 하는 공간이다. 자유로운 자기 결정을 위해서는 사전에 '자기에 대한 자유'를 창출하는 시도가 매개되어야 한다. 코넬에 의하면, '정치적으로 자유로운 존재자'로 서로를 승인하기 위해서는 자신이 어떻게 존재하고 싶은지를 항사실적으로 상상할 수 있는 자유에 대한 승인이 우선되어야 한다.

타자의 섹슈얼리티를 자신이 긍정하는 성(性)의 이미지로 재단하고, 타자의 자유를 자신의 선(善) 관념으로 제약하는 사상과 행동은 여전히 존재하고 있다. 가령, 동성애자의 성적 자유는 이성애자의 자유를 저해하지 않음에도 — 양쪽의 자유는 서로 양립할 수 있다 — 간섭을 받는다. 성적으로 '다르게' 살고, 또 그렇게 살고 싶은 사람들은 외부의 간섭에 저항하면서 동시에 자신에게 내면화되어 있는 관습인 도덕과도 싸워야 한다. 자기의 재-상상은 지금까지 자기에게 부여된 표상에 저항하는 투쟁을 포함하는 것이다.

> 어느 누구도 완벽한 제로에서 출발하는 것은 불가능하다. 우리는 이미 문화적으로 마련되어 있는 선한 삶에 대한 구상과 싸우고 있는 것이다. …… 우리에게 주어진 모든 가치를 자기 것으로 만들기 위해 허물고 전환하는 과정은 일생을 건 프로젝트다. '외부에 있는' 모든 가치와 우리에게 이미 내면화되어 인격을 정의하는 것으로 수용된 모든 가치 사이에 명확한 선을 긋는 것은 불가능하다. 우리 자신이 우리 가치의 오리지널한 원천일 수

> 는 없으며, 또 우리가 얼마만큼 관습적 도덕을 흡수하고 있는지 아는 것조차 불가능하다. …… 우리는 자기 자신의 모든 가치의 명백한 원천일 수 없음에도 불구하고 마치 원천인 것처럼 정치적으로 승인될 수 있어야만 하는 것이다.[11]

자신의 성적 아이덴티티로부터 거리를 두고 자신이 성적 규범에 구속당하지 않는 가치의 원천인 것처럼 구상하는 일이란 결코 쉽게 수행될 수 있는 프로젝트가 아니다. 우리는 기존의 자기 아이덴티티를 멋대로 벗어던질 수 없다. 이것은 이미 우리 자신에 의한 동일화(identification)의 반복으로 형성된 것이므로 단독으로 그 동일화를 다른 방향으로 추진해간다는 것은 거의 불가능하다고 할 수 있다. 코넬은 카플란(Morris B. Kaplan)의 글을 인용하면서, '상상적 영역'에 접근할 자유는 구체적인 타자와의 연대 또는 그 / 그녀의 지원이 필요하다고 강조한다. "친밀한 결사체의 자유(freedom of intimate association)는 간섭받지 않는 소극적 권리뿐만 아니라, 인격적인 관계와 아이덴티티를 확립하고 유지하는 개인의 선택을 위해 필요한 친밀한 공간과 사회적 지원을 창출할 적극적인 힘을 요구한다."[12]

'자기에 대한 자유'를 창출해가는 시도는 사회의 성적 규범의 압력으로부터 프라이버시의 자유를 지키는 투쟁과는 다른 것이다. 이것은 서로가 자유를 촉발하고 지원할 수 있는 구체적인 타자와의 '관계〔間〕' — 자기의 아이덴티티를 다른 방식으로 재정의함으로써 지금까지와는 다른 자기이해를 촉발해줄 수 있는 '관계' — 의 창출·형성을 필요로 한다. 자신에 대해 비판적 거리를 획득하고 자기 앞에 마땅히 열려 있어야 할 기회를 구상하기 위해서는 자신을 비판적으로 상대화하는 전망을 열기 위한 지식의 획득과 타자와의 커뮤니케이션이 반드시 필요하다.

지금까지 아렌트, 푸코, 코넬이 자유를 배타적인 주권성과 동일시한 자유관을 비판하고, 자기에 대한 자유, 즉 자신의 아이덴티티(동일성)에서 차이를 창출해내는 것을 옹호한다는 점을 살펴보았다. 그들이 이해하는 자유란 자기동일성을 갖는 주권적 주체에 배타적으로 귀속하는 것이 아니라, 오히려 그러한 자기동일성에서 벗어나려는 움직임('엘레우테리아'로서의 자유)을 가리킨다. 아렌트는 사고와 행위에서의 '운동의 자유'를 주권적 개인의 자기동일성, 자기완결성과 대비하여 다음과 같이 말한다.

> 레싱(Lessing)의 자립적 사고(Selbstdenken)는 결코 자기 안에서 통일되고 완결된 개인, 즉 유기적으로 성장하고 형성된 개인

에 의해 — 세계 속에서 자신을 발전시키기 위해 가장 유리한 자리를 찾으려고 두리번거리고, 그러한 사고의 우회로를 지나 자기와 세계를 조화시켜가는 — 영위되는 것이 아니다. 레싱에게 사고란 인간의 내면에서 생기는 것도 아니고, 또 인간의 사고를 통해 형성되는 것도 아니다. 그러나 인간 — 레싱에 따르면, 인간이란 이성을 발휘하기 위한 존재가 아니라 행위하기 위해 창조된 존재자다 — 은 사고를 통해 자신의 의사를 결정하는데, 이는 인간이 사고를 통해 자유롭게 운동할 수 있는 방법을 최종적으로 찾아내기 때문이다. 자유라는 말을 들을 때마다 떠오르는 특수한 자유 중에서도 운동의 자유는 역사적으로도 가장 오래되었을 뿐만 아니라 가장 기초적인 것이다. …… 레싱에게 행위와 사고를 연결하는 은밀한 동맹이 있다면 그 본질은 행위와 사고 모두 운동이라는 형태로 진행한다는 것, 따라서 양쪽에 기반을 둔 자유는 운동의 자유라고 할 수 있을 것이다.[13]

사고와 행위에서의 '운동의 자유'는 타자와의 '관계〔間〕'에서만 가능한 것이며 그 조건을 벗어나는 것은 불가능하다. 나의 사고와 행위를 가능하게 만드는 언어는 이미 우리 '사이〔間〕'에 있는 것으로서, 내가 배타적으로 소유할 수 있는 것이 아니다. 그러나 '운동의 자유'는 언어에 의해 방해받지 않는다. 그것은 언어 속에서 태어나 언어를 변화시켜가는 자유이며, 우리는 '언어를 소유한 동물(animal rationale)'로서 항상 타자의 '운동의 자유'에 노출되어 있다. 아렌트를 비롯하여 여기에서 거론한 사상가들도 그렇고, 또 우리가 언어적 삶을 영위하는 한 '주권적 자유(sovereign freedom)'는 언어로 회귀할 수 없는 관념이라고 말한 버틀러(Judith Butler)에 있어서도 중요한 것은 언어를 사용하고 '인용'하는 가운데 피치 못하게 발생하는 자극을 차단함으로써 기존의 자기동일성(주권성)을 재생산하는 것이 아니라 그것을 자기 자신의 '운동의 자유'를 촉발하는 쪽으로 유도하는 것이다.[14]

2. 자유의 두 가지 차원: 공약적 차원과 비공약적 차원

앞에서 살펴본 바와 같이, 자유는 주권적인 것일 수 없고 또 '자기 결정'에서의 '자기' 그 자체도 이미 결정된 것이 아니다. 자유는 우리가 서로 자신의 '운동의 자유'를 통해 타자의 그것을 촉발하는 관계 — '다르게' 존재할 수 있는 서로의 비결정성·우연성에 작용하는 관계 — 에 있다. 그러나 이렇게 '다르게' 존재하거나 다르게 살려는 움직임을 서로 옹호하는 것만이 자유를 옹호하는 일의 전부는 아니다. 서로 '동일하게' 존재하는 것, 바꿔 말하면 누구나 누려야 할 자유를 옹호하는 일 또한 우리 모두가 자유로운 삶을 영위하기 위해서는 반드시 필요한 것이다. 그러면 남과 '다르게' 존재할 자유와 남과 '동일하게' 존재할 자유, 이 두 가지 자유의 존재방식을 어떻게 이해하면 좋을까.

이 문제를 정리해서 생각해보기 위해 여기서는 자유를 두 차원으로 나눠서 각각 — 다소 생경한 표현이지만 — '공약적(共約的) 차원'과 '비공약적(非共約的) 차원'으로 지칭하고자 한다. '비공약성' 혹은 '공약 불가능성'을 어떻게 정의하느냐에 대해서는 다소 복잡한 논쟁도 있지만, 이질적인 복수의 가치에 대해 우열을 비교할 수 있는 공통의 척도가 존재하지 않을 경우, 이들 가치를 비공약적이라고 간단하게 정의할 수 있을 것이다. 예를 들면, 100미터를 10초대에 달릴 수 있는 자유와 라틴어 문헌을 정확하게 이해할 수 있는 자유는 서로 비공약적이다. 또 맛있는 빵을 구울 수 있는 자유와 트롬본을 능숙하게 연주할 수 있는 자유 역시 비교 불가능하며, 따라서 이때 어느 쪽이 더 자유로운가에 대한 질문은 의미가 없다. 이에 반해 필요한 영양을 섭취할 수 있는 자유에 대해서는 동일한 척도로 비교가 가능한데,

기아에 직면한 사람은 그렇지 않은 사람에 비해 분명히 자유롭지 못하다. 마찬가지로 법적·사회적 제재를 두려워하지 않고 남에게 자신의 의견을 말할 수 있는 자유에 대해서도 그 자유가 얼마만큼 향유될 수 있는지에 대해서는 비교가 가능할 것이다.

자유의 공약적 차원에 대해서는 사람들이 현실에서 누리고 있는 자유의 유무와 정도를 서로 비교할 수 있다(요컨대, A는 B보다 자유롭다고 말할 수 있다). 이런 비교의 의미가 성립하는 이유는 공약적 차원이 누구나 공통적으로 가치를 인정하는 일군의 자유로 구성되어 있기 때문이다. 필요한 영양을 섭취할 수 있다, 문장이나 숫자를 이해할 수 있다, 전염병을 피할 수 있다, 적절한 진료를 받을 수 있다, 가고 싶은 곳에 갈 수 있다 등등, 센이 '기본적인 역량(capability)'의 예시로 거론한 이러한 자유는 사람들이 각각 어떤 가치(선한 삶의 구상)를 추구하든지 간에 누구나 인정하는 가치이자 필요로 하는 자유다.

이러한 정의 / 재정의는 항상 잠정적일 수밖에 없지만, 우리는 이 자유들의 제약과 박탈을 정의롭지 못하다고 판단할 만한 일군의 기본적 자유를 상정하고 있다. 가령, 어떤 사람이 값비싼 와인을 살 자유가 없더라도 우리는 이를 부당하게 여기지 않지만, 어떤 사람이 안전하고 깨끗한 물을 마실 수 없는 상태에 놓여 있다면 우리는 그 자유의 제약을 부당하다고 간주할 것이다. 우리는 100미터를 10초대에 달릴 수 없는 사람을 — 그가 단거리 주자가 아닌 한 — 부자유하다고 보지 않지만, 휠체어를 밀어줄 사람이 없어서 외출할 수 없는 사람이 있다면 우리는 그 자유의 제약을 부당하다고 생각할 것이다. 우리가 어떤 종류의 자유의 제약과 박탈에 분노하는 것은 그 자유를 누구나 누려야 하는 것으로 — 적어도 암묵적으로 — 정의하고 있기 때문이다.

한편 자유의 비공약적 차원에 대해서는 사정이 다르다. 자유의 비공약적 차원은 사람들이 추구하는 가치가 서로 공약 불가능하다는 점을 전제로 하고 있으며, 자신의 가치를 추구하는 각자의 자유가 타자(가족이나 공동체, 사회나 국가를 포함한)의 간섭에 맞서 옹호되기를 요구한다. 자신의 성적 자유를 향유할 수 없는 사람은 필요한 영양을 섭취할 수 없는 것과 또 다른 의미에서 부자유하다. 어떤 사람을 성애의 상대로 선택할 것인가는 개인의 자유이며, 만약 이 자유가 사회의 대다수가 수용한 성도덕을 훼손한다는 이유로 제약을 받는다면 소수의 자유는 다수의 자유를 위해서가 아니라 다수의 선(善) 관념이나 효용에 의해 부정되는 것이다. 양심과 사상의 자유, 종교의 자유 등도 마찬가지다. 비공약적 차원에서 자유의 옹호는 사회의 다수가 긍정하고 수용한 가치에서 벗어난, 경우에 따라서는 그것에 도전하는 가치를 추구하는 소수나 개인의 자유를 옹호하는 형태를 취한다.

1) 공약적 차원에서의 자유의 옹호

자유의 공약적 차원에서는 누구나 향유해야만 하는 자유를 정의함으로써 여기에 가해지는 제약을 부정의로 판단하는 규준을 마련할 수 있다. 그 누구에게도 — 과거에 어떤 사정이 있었건(자기 책임으로 손해가 발생했건) — 빼앗겨서는 안 되는 자유를 '기본적 자유'라고 부른다면, 이것은 어떻게 정의될 수 있을까(이 책의 정의에 따라 '기본적 자유'에는 시민적 자유와 정치적 자유뿐만 아니라 사회적 자유 — 생명의 보장을 누릴 수 있는 자유 — 도 포함된다). 다음의 세 가지 접근을 검토해보자.

첫째, '공통악'적 접근에서는 인간이라면 누구나 피하고 싶은 반가치(反價値)를 피할 수 있다는 것을 기본적 자유로 정의한다. 이 접근에서는 무엇을 '공통선'으로 정의하느냐에 대해 사람들의 가치판단이 일치할 수는 없지만, 누구나 고통을 피하고 싶어 하는 신체를 지닌 존재자인 한 '공통악'에 대한 가치판단은 일치하므로 이러한 가치판단의 일치를 보편적인 것으로 상정할 수 있을 것이다. 이 접근을 가장 자각적으로 파악한 사람은 20세기의 폭력, 특히 공적으로 조직된 폭력이 야기한 수많은 잔학상들을 기억하면서 그것을 피하는 것이 자유를 옹호하는 자의 가장 중요한 책무라고 말한 슈클라다.

리버럴리즘은 정치적으로 활동하는 모든 사람이 획득하기 위해 노력하는 '공통선'을 제공하지 않는다. 하지만 공포의 리버럴리즘이 '공통악'에서 출발한다는 것은 자명하다. '공통악'이란 우리 모두가 알고 있으며 가능한 한 피하고 싶어 하는 악이다. 그 악은 잔학하며, 이러한 잔학상이 야기하는 공포이자 공포 그 자체에 대한 공포기도 하다. 따라서 공포의 리버럴리즘은 역사적으로 항상 그랬던 것처럼 일종의 보편적 요구, 특히 세계 시민적 입장으로서의 요구를 내세운다.

여기서 잔학이란 무엇을 의미하는 것일까? 그것은 보다 강한 자, 보다 강한 집단이 자기의 (유형무형의) 목적을 달성하기 위해 보다 약한 자, 보다 약한 집단에 대해 의도적으로 가하는 물리적 고통, 제2차적으로는 감정적인 공통이다.[15]

이러한 자유의 옹호는 명백히 보편성을 요구할 수 있을 것이다. 그것은 사람이라면 누구나 신체를 가진 고통 받는 존재라는 이른바 생물학적 차원에서 그 보편성의 근거를 마련하고 있으며, 앞으로도 '잔학으로부터의 자유', '공포로부터의 자유'라는 가장 기본적인 자유를 박탈당하는 사건이 반드시 있을 것이라며 우리의 주의를 환기시킨다. 그러나 슈클라가 의식적으로 그랬던 것처럼, 이 접근은 '공통악'이 실질적인 '최고악'으로 한정될 때만 보편성을 요청할 수 있으며, 이런 식의 한정은 사람들이 누릴 수 있는 기본적 자유의 폭을 현저히 축소시킬 수밖에 없다는 사실도 명백하다. 슈클라의 정의를 문자 그대로 보면, 잔학은 타자가 '의도적으로' 야기한 것으로만 한정된다. 이때 '공통악'의 정의에는 부작위에 의해 발생하는 고통(부자유)은 포함되지 않으므로, 이 접근에서 '굶주림으로부터의 자유'는 기본적 자유로 인정되지 않는다.

공통악적 접근을 취할 때 '공통악'에 포함되는 반가치의 범위를 확대함으로써 기본적 자유의 폭을 어느 정도 확장시킬 수는 있다. 슈클라와 마찬가지로 로티(Richard Rorty)는 "잔학이야말로 우리가 행할 수 있는 최고악"으로 간주하고, 그것을 적극적으로 피하려는 태도에서 '리버럴하다'라는 의미를 찾고 있으며, 그러한 잔학을 피하기 위해서는 "타자에게 해를 가하지 않고 나보다 혜택 받지 못한 사람들이 필요로 하는 자원을 건드리지 말 것"을 요구했다.[16] 로티의 정의에 따르면, '공통악'에는 타자가 의도적으로 일으키지 않은 고난과 정신적 고통으로서의 '굴욕(humiliation)'도 포함될 여지가 있다.

또한 하이에크와 같은 자유주의자가 '법과 질서'만이 아니라 '생존의 최저 수준'도 공공적으로 보장되어야 할 것으로 간주했다면, '공포로부터의 자유'뿐만이 아니라 '굶주림으로부터의 자유'도 기본적 자유 중의 하나로 상정될 수 있을 것이다. 그렇지만 이 접근은 누가 '악'의 규준을 결정하느냐에 따라 '공통악'의 범위를 확장하는 데에 일정한 한계가 있다. 왜냐하면 공포나 기아에 대한 두려움 없이 살 수 있는 자유가 보장된다면, 그것이 실질적으로 최소한의 생존을 초월한 선택지=문을 사람들에게 열어주는 것은 아닐지라도, '공통악'의 회피라는 규준을 충당하는 것으로 수긍될 수 있기 때문이다. '공통악'의 정의는 논의의 여지가 없어야 하며, 이를 위해서는 이론(異論)이 제기될 민한 영역으로 들어가는 것을 피해야만 한다. 공통악적 접근은 사람에게 빼앗아서는 안 되는 최소한의 자유가 무엇인가를 특정할 경우에는 유효할지 모르지만, 사람들이 제각각 자기의 삶을 살아가기 위해 함께 향유해야 할 기본적 자유가 무엇인지를 정의할 수 있는 규준을 제공하는 데는 충분하지 않다.

기본적 자유를 정의하는 두 번째 접근은, 각각의 사회에서 누구나 누려야만 하는 최소한의 자유란 무엇인가 하는 관점을 취한다(이를 편의상 '최소' 접근이라고 하자). 이것은 '공통악'적 접근처럼 곧바로 보편성을 표방할 수는 없다. 왜냐하면 이것은 사람이라면 누구나 피하고 싶어 하는 반가치가 무엇이냐의 문제가 아니라, 각각의 사회에서 사람들이 공통적으로 향유해야만 한다고 간주되는 최소한의 자유란 무엇인가를 묻는 문제기 때문이다. 그러한 자유란 무엇인가 하는 문제는 그 사회의 사람들이 일반적으로 갖고 있는 — 단, 항쟁을 내포한 — 가치 의식에 의존할 수밖에 없기 때문에 그 정의 자체가 다른 사회에서도 타당하다고는 할 수 없다(모든 사회가 규범적 언어에 있어서 서로 통한다 하더라도).

앞서 언급했던 센의 '역량접근'이 이 접근 방법의 하나로 이해될 수 있을 것이다. 개인의 역량은 각자에게 삶의 방식의 폭이 얼마나 열려 있는가 하는 실효적인 자유를 나타내는 개념이다. 얼마만큼의 삶의 방식의 폭을 가질 수 있느냐는 개인에 따라 다르겠지만, 센은 누구나 가져야만 하는 역량을 기본적 또는

'최소 필요(minimally acceptable)' 역량이라 칭하고, 이것을 공공적으로 보장해야 할 것으로 보았다. 센은 기본적인 역량이 향유되고 있는지의 여부에 대한 지표로서 '적절한 영양을 공급받고 있는가', '건강한가', '피할 수도 있었을 병을 앓고 있지는 않은가', '일찍 죽었는가' 하는 것들을 예로 들고 있는데,[17] 이러한 역량접근에는 실질적으로 '공통악'적 접근과 중첩되는 부분도 있다. 그러나 센에 따르면, 무엇이 기본적인 역량으로 간주되는가 하는 문제는 누구나 그렇다고 인정하는 바가 아니라 각 사회의 공론에 따른 정의 / 재정의에 의존한 것이다.

단, '최소' 접근에서는 센처럼 기본적 자유의 정의 / 재정의를 공론에서 구하는 경우에도, 적어도 암묵적으로는 무엇이 기본적 자유이며 무엇이 그렇지 않은가는 그 사회에서 일반적으로 향유되고 있는 자유의 정도(삶의 방식의 폭)를 참조하여 (적어도 어느 정도까지는) 확정할 수 있다고 상정한다.[18] 센이 언급한 기본적 역량이 실질적으로는 매우 소극적인 — 요구 정도가 낮은 — 것도 이 점과 관계있는 것 같다〔그는 자기의 생활로부터 거리를 두고 그것을 자기 비판적으로 평가할 수 있는 자유를 — 특히 '순응적 선호 형성'을 문제시하는 문맥에서 — 옹호하는데, 이 자유는 기초 교육의 강조만으로는 불가능할 것이다〕.

기본적 자유를 정의하는 세 번째 접근은 정의 / 재정의를 각 사회의 공론에 철저히 의존하는 것이다. 이 접근은 기본적 자유와 그 이외의 자유를 구별하는 척도를 관찰자가 제시하고 이를 기초로 공공 보장의 범위를 확정한다는 ― 센의 접근에도 여전히 남아 있다 ― 입장을 취하는 것은 아니다. 여기서는 기본적 자유가 제약·박탈당했기 때문에 공공적 보장을 요구할 수 있다고 판단한 각 당사자의 주장(및 그것을 지지하는 이유)이 수용 가능한 것인지의 여부를 공론에 부침으로써 기본적 자유가 재정의된다고 생각한다. 이때 무엇을 기본적 자유로 간주할 것인지의 문제는 '강압적'으로 정의되는 것이 아니라, 각 당사자가 사회적 자원에 대한 접근을 요구할 때 타당한 공공적 이유 ― 자기 입장이 변해도 지지할 수 있는 이유 ― 를 제기하느냐 아니냐를 음미하여 (잠정적으로) 정의된다.

기본적인 요구가 외부 관찰자의 시점에서 특정할 수 있는 절대적인 여건이 될 수 없듯이, 기본적 자유란 무엇인가에 대한 문제도 결코 자명한 것은 아니다. 기본적 자유란 무엇인가 하는 문제는 실제로 부자유를 경험한 사람들의 해석을 통해 정의될 수밖에 없고, 또 그 해석에는 항상 언설 정치 ― '언설의 자원(어휘나 톤 등)'의 불평등이라는 피할 수 없는 조건에서 헤게모니를 둘러싼 투쟁 – 가 개재되어 있다.[19] 여기에는 극단적으로 자유를 박탈당한 사람들이 기본적 자유의 정의 / 재정의를 위한 공론에 접근할 수 있는 자원이 결핍되어 있다는 어려운 문제도 있지만, 그렇다고 해서 그들을 보호받아야 할 대상(희생자)으로 간주하는 접근이 정당화되는 것은 아니다.

기본적 자유의 정의를 공론에 의존하게 하는 이 접근은 하이에크 식의 '생존의 최저 수준', 즉 '품위 있는 최저 수준'을 넘는 자원의 이전을 정당화할 수 있다. 이 접근에서는 자유의 회복과 확장을 요구하는 당사자의 주장이 타당하다고 간주되는 – 이것을 거부할 수 있는 적절한 이유를 들 수 없는 – 한, 지금까지 그렇게 인식되지 않았던 자유의 향유를 공공적으로 보장할 만한 것으로 재정의할 수 있기 때문이다(가령, 개호보험이 제도화된 배경에서도 이러한 공론의 중첩을 간취할 수 있을 것이다). 이 접근은 공론을 통해 사적으로 감수해야 할 부자유란 무엇인가에 대해 사람들의 문제감각이나 판단이 변할 수 있다는 점을 적극적으로 긍정한다는 점에서, 애매하게 – 경우에 따라 철회할 여지가 있는 – '최소'를 설정한 접근과는 입장을 달리한다. 그 누구에게도 빼앗겨서는 안 되는 기본적 자유에 대한 해석이 정치적으로 자유로울 수 없는 이상, 그 해석을 (의회의 의사 결정에 따른) 공공의 의사 형성에 맡기는 것이 기본적 자유에 대한 정의 / 재정의에 다양성을 부여하는 가장 적절한 접근이라고 생각하는 것이다.

2) 비공약적 차원에서의 자유의 옹호

비공약적 차원에서의 자유의 옹호는 어떤 사람들이 자신의 가치(선한 삶의 구상)로 타자의 자유를 제약하는 것, 특히 어떤 사람들이 공권력을 이용해 자신의 가치를 타자에게 강제하는 것을 저지하는 형태를 취한다〔물론 동일한 가치를 공유하는 사람들이 자발적으로 그런 가치 — '공통선' — 를 추구하는 것은 저지하지 않는다〕. 비공약적 차원에서 옹호되는 자유는 그중에서도 사회의 다수와 다른 가치를 갖고 또 그것을 추구하는 소수나 개인의 자유다. 이 자유가 정당하게 제약될 때는 그것이 타자의 동일한 자유를 침해할 때일 뿐, 그것이 타자의 가치관에 위배되거나 효용을 훼손할 때에는 그렇지 않다. 그 / 그녀가 지금 향유하고 또 향유하고자 하는 자유(가치의 추구)가 타자의 눈에 아무리 별나고 불합리하며 어리석은 것으로 보일지라도 그것이 타자의 동일한 자유를 침해하지 않는 한 그것은 허용되어야 한다.

이때 문제가 되는 것은 '타자의 자유를 침해하지 않는다'라는 의미를 어떻게 해석하느냐 하는 것이다. 지금까지 이것을 생명·신체 및 소유 등에의 가시적인 침해로 해석해온 것은 밀의 '위해원리'에 입각한 리버럴리즘의 전통이었다. 그렇다면 인종차별이나 성차별 등 '증오 발화 / 표현(hate speech)'에 의해 사람들이 받은 상처는 자유 그 자체에 대한 침해로 볼 수 없을까. 이것은 타자에게 겉으로 드러나는 물리적 위해를 가한 것은 아니지만 타자의 심신에 ― 경우에 따라서는 회복 불가능한 ― 고통과 굴욕을 주어 타자 자신의 언어와 행위에 의한 표현의 자유를 저해하는 효과를 갖는다. 증오 표현을 자유와 평등을 해치는 위해 행위로 간주하는 사람들은 이에 대한 법적 규제를 요구했는데, 실제로 유럽에는 이를 제도화하고 있는 국가들도 있다. 그러나 버틀러가 지적했던 것처럼, 증오 표현을 규제하기 위해 공권력에 의한 '검열'에 호소하는 것은 거꾸로 소수의 표현의 자유를 제약할 우려가 있다는 점에서 피해야 할 전략이다. 증오 표현이 힘을 얻을 수 있었던 역사적으로 축적된 언어의 부정성, 즉 버틀러가 말한 '공동체에서의 언어 편향'은 그것을 비판하고 거기에 대항하는 발화를 지속적으로 축적함으로써 바로잡을 수밖에 없을 것이다.[20]

3) 두 차원의 관계

지금까지 두 가지 차원에서의 자유가 각각 어떻게 옹호되어야 하는가를 검토해보았다. 먼저 공약적 차원에서는 공통의 척도에 비추어 그 누구도 빼앗겨서는 안 되는 일군의 기본적 자유는 반드시 향유되어야 한다. 한편 비공약적 차원에서는 그 누구도 아닌 바로 자기 자신의 척도에 비추어 사람들이 각자의 가치를 추구할 수 있는 자유가 향유되어야 한다. 그렇다면 이 두 가지 차원의 자유는 서로 어떤 관계에 있는 것일까.

일반적으로 주장할 수 있는 것은 공약적 차원에서의 자유의 향유는 비공약적 차원에서의 다원적 가치 추구에 긍정적으로 작용한다는 것이다. 만약 기본적 자유가 훼손되거나 자유의 향유가 불안정해지면 사람들은 그 자유를 얻기 위해 자신의 관심과 활력의 대부분을 쏟아 부을 수밖에 없을 것이다. 자유란 자원의 뒷받침이 있어야 비로소 향유될 수 있는 것이므로, 자기의 관심과 시간, 에너지 등의 자원을 생활보장을 위해 소비할 수밖에 없는 사람들에게는 자기 삶의 추구를 위한 자원이 거의 남지 않는다. 사람은 기본적 자유의 향유가 안정적일 때만 자기의 자원을 자신의 가치를 추구하는 자유에 쏟아 부을 수 있다.

현대의 리버럴리즘은 사람들이 갖고 있는 '선한 삶의 구상'이 화해 불가능할 정도로 다원적이라고 보면서 가치의 비공약성을 강조해왔지만, 사람들이 현실적으로 그리는 '삶의 계획'이 그다지 낙관적으로 보이지 않는 것은 그들의 기본적 자유의 향유가 불안정하다는 사정과 관계가 있다고 생각한다. 생활보장이 불안정한 환경에서는 사람들이 위험을 방어하는 '삶의 계획'에 매진하는 경향이 있다〔평생을 좌우하는 중요한 선택을 할 때 위험을 피하는 ― 맥시멈 룰(maximum rule)에 따르는 ― 것은 롤스가 상정한 합리적인 주체의 판단이기도 하다〕. 선택 코드의 정상화에 대한 압력의 요인도 복합되어 있으므로 단순화할 수는 없겠지만, 기본적 자유를 안정적으로 향유할 수 있는 전망을 얻을 수만 있다면 사람들이 꿈꾸는 '선한 삶의 구상'은 좀 더 다원적인 것이 될 것이다.

'기본적 자유의 보장은 다원적인 가치 추구를 촉진한다'라는 양자의 관련성에 대해서는 당연히 다음과 같은 이의가 제기될 것이다. 즉, 모든 사람들이 기본적 자유를 향유하기 위해서는 반드시 막대한 사회적 자원을 필요로 하고, 그렇게 되면 사람들은 그 자원을 생산하기 위해 각각 자기 가치에 따른 삶의 자유 ― 비공약적 차원의 다원적인 자유 ― 를 제약받지 않겠느냐는 반론이 그것이다. 물론 사회적 자원이 충분하지 않으면 두 가지 차원의 자유가 서로 경합할 것이고, 또 기본적 자유를 공적으로 보장하기 위해 사회적 자원의 대부분을 소비하는 – '필요'를 위해 '능력'을 소진하는 – 경우도 있을 수 있다. 실제로 여기에 상정된 사회가 다른 사회로부터 고립되지 않는다면 이 물음은 한층 현실감을 띨 수 있을 것이다. 여기서 검토할 수는 없지만 글로벌한 사회를 자원의 재분배 단위(unit)로 규정하지 않는 경우에도, 적어도 롤스가 제기하는 '원조의 의무(duty of assistance)' – 정치적·문화적 또는 물적·인적 자원 등의 부족으로 인해 불리한 여건에 처한 사회로 한정된 자원을 이전하는 것 – 는 정당화될 수 있고,[21] 또 모든 기본적인 자유를 보장하는 것이 불가능하더라도 좀 더 중요하다고 해석된 기본적 자유의 실현을 위해 그 자원을 이전할 수는 있다.

일반적으로 말해 획득 가능한 사회적 자원이 한정되어 있지 않다면 타자의 기본적 자유를 보장하는 것은 다원적 자유를 향유하는 데 플러스로 작용할 것이다. 첫째, 아무리 윤택한 자원을 갖고 있더라도 개개인이 실현할 수 있는 가치(향유할 수 있는 자유)에는 한계가 있다는 것, 둘째, 내가 이룰 수 없는 일을 타자는 이룰 수 있다 – 우리의 자유에는 상보성(相補性)이 있다 – 는 것이 그 주된 이유다. 다시 언급하겠지만, 우리는 자기의 자유를 향유할 뿐만 아니라 자기가 실현하지 못한 가치가 타자에 의해 실현되기를 바라기도 하는 것이다.

제4장 자유의 규율

1. 자기를 통치하는 자유

근대의 리버럴리즘은 자유가 향유되는 영역을 국가 활동 영역의 외부에 두었다. 이런 이해방식을 통해 자유는 마치 통치의 외부에 존재하는 것처럼 그려졌다. 하지만 자유는 권력관계의 외부가 아닌 내부에 있는 것이라는 푸코의 관점도 있듯이, 사람들이 현실적으로 향유하는 자유가 통치 시스템의 외부에 존재한다고는 생각할 수 없다. 오히려 국가에 의한 과잉적이고 자의적인 통치가 제어되어야만 한다면, 이때 바람직한 것은 사람들이 자기 자신을 통치하는 그 자유를 활용하는 일이다. 실제로 18세기 말 이후의 리버럴리즘은 '간섭의 부재'라는 영역을 확정하는 일에만 전념했던 것이 아니라, 동시에 어떻게 과잉 통치

— 가령, 칸트와 훔볼트가 가부장주의를 비판했던 국가의 내무행정=경찰(Polizei)과 같은 — 를 억제할 수 있는가에 관심을 기울임으로써 피통치자 자신에 의한 자기 통치의 실천을 추구해왔다(여기서는 언급하지 않겠지만, 리버럴리즘에서 통치와 자유의 관계를 분석하는 일은 후기 푸코의 주요 관심사기도 했다).[1] 국가의 간섭 대 개인의 자유라는 이분법이 적어도 통치 시스템에서는 아무런 의미가 없고, 또 '국가의 퇴각'(S. 스트레인지)이 통치 그 자체의 후퇴를 의미하는 것이 아니라면, 개인의 자유가 현재의 통치에 어떻게 편입되고 있는지 살펴볼 필요가 있을 것이다. 그렇다면 현재 자유롭다고 간주된 개인에게는 어떤 자기 통치〔각자에 의한 자기 자신의 '지도(指導)'〕가 요구되어야 할까.

자유와 방종을 구별할 때 자유는 항상 규율과 분리될 수 없는 문맥에서 논의되기도 했다. 자유에는 자기 규율이 수반되어야 한다는 견해는, 가령 '자유 통치(free government)'를 지지하는 사람들의 성격을 '수동적'이 아닌 '능동적·자조적'인 것으로 보았다. 이러한 견해는, 자기 성향(욕망)과의 투쟁 또는 사회적 직무에 종사함으로써 나날이 도야된 것이라고 본 밀에서부터[2] "자유는 자유의 규율이기도 한 문명의 규율이 서서히 진전됨으로써 가능해진다"[3]고 말한 하이에크에 이르는 리버럴리즘에 공통적으로 나타나는 사고방식이다.[4] 전제에 대치되는 '자유로운 통치'는 개인에 의한 자기 통치의 실천을 추구하며, 자기 통치가 거대 통치의 일환을 이루는 한 개인의 현실적인 자유는 그것과 깊이 관련되어 있다.

로즈(Nikolas Rose)와 딘(Mitchell Dean)의 지적처럼, 현대의 통치는 국가에 의한 직접적·일원적 통치에서 개인에 의한 능동적인 자기 통치에 작용하는 간접적·다원적 통치로 급속하게 변화하고 있다.[5] 이러한 특징을 표현하기 위해 '통치의 통치' 혹은 '재귀적 통치(再歸的 統治)'라는 용어를 사용하는데, 이 용어들은 국가에 의한 직접적 통치 방식의 쇠퇴를 반영하는 동시에 이러한 통치의 탈-국가화가 고전적 리버럴리즘의 '자유방임주의'로의 단순한 회귀를 의미하는 것이 아니라는 점도 시사하고 있다. 통치는 사람들의 자발적이고도 능동적인 자기 통치를 적극적으로 촉구함과 동시에 그러한 자기 통치의 행위를 포착하고 그것을 감사(監査)·평가하는 상태로 변하고 있다. 바꿔 말하면, 그것은 개인이나 집단(어소시에이션을 포함한)에 의한 다원적 자기 통치에 광범위한 활동 영역을 부여하고 나아가 그 활동에 대한 평가 자체를 다원화하면서, 동시에 자기 통치가 항상 그 평가 시스템을 참조하여 실행되도록 한다. 그러면 자기 통치의 주체는 변화된 통치하에서 어떻게 자유의 규율을 수행하고 있는지에 대해 그 특징을 세 가지로 지적해보겠다.

먼저 현대의 자기 통치에 요구되는 것은 유연한 자기개발·자기실현이다. 가령, 인구에 회자되는 '기업가 정신'이라는 말이 시사하듯이, 자기 통치의 주체가 자기개발을 위해 요구하는 것은 새로운 가치를 창조하거나 환경 변화에 민첩하게 적응할 수 있는 역량이다. 종래의 자기 규율이 조직의 틀 속에서 예측 가능한 요구를 간파해가면서 자신의 능력을 형성하는 특징을 보였다면, 현재는 오히려 조직의 틀을 뛰어넘는 네트워크를 스스로 형성하고 예측 불가능한 우연성에 대처할 수 있는 능력의 개발이 강조된다. 독창성, 예측 불가능성(에 대한 대처), 그리고 새로운 관계성의 창출이라는 특징은 아렌트의 활동 양식 분류에 준해서 말하면, '노동'보다는 '행위'의 특징에 더 가깝다.

더욱이 현대의 자유의 규율에 있어서 직업 생활은 일찍이 베버(Max Weber)가 말했던 것처럼 형식적인 합리성이 결박된 '정신이 결여된 전문인'을 만드는 공간, 또는 초기 마르크스의 '소외된 노동'의 공간으로만 인식되고 있지 않다. 그것은 개인의 자기실현의 장, 개인의 잠재적 가능성이 현실화되어야 할 장소로도 표현된다. 이제 직업 생활은 저 멀리 자유의 영역이 있는 필연성의 영역으로서가 아니라, 개인의 자유가 실현되어야 할 장소로 그려지고 있는 것이다(거꾸로 이러한 표현 방식이 사람들에게 '진정한 나'를 추구하도록 강요하는 압력으로 작용하는 것도 사실이다. 자기실현을 자유의 본질로 파악한 밀 이후 이러한 이해는 열려 있다고 간주된 선택지와 그것을 실현할 수 있는 역량 사이의 '낙차'가 해소되지 않는 한 사람들의 삶에 하나의 질곡으로 작용할 것이다).

현대의 자기 통치의 두 번째 특징으로 지적할 수 있는 것은 자신의 행위(performance)에 대한 자기 평가의 시선이다. 거대한 조직에 편입된 관료제적 통제하에 있는 주체와 달리, 자기 통치의 주체는 계층구조에 대한 순종이 요구되지 않는다(푸코에 의하면, 규율 권력의 목표는 경제적 유용성과 정치적 복종을 동시에 증강시키는 데 있다). 자기 통치에 대한 관심은 타자의 의사에 따르거나 알아서 명령에 따르는 순종이 내면화된 신체보다는, 오히려 자신의 행위에 대한 평가를 자각하면서 — 동시에 타자와 동등한 평가를 받는 것을 거부하면서 — 자신을 통치하는가의 여부에 있다. 이런 점에서 자기 통치의 주체는 무엇보다 자기 평가·자기 감사의 주체로서 자기가 설정한 척도에 비추어 자신을 엄격하게 평가·사정할 수밖에 없다.

자기 통치의 세 번째 특징은 자기 책임의 강조다. 지금까지 언급한 바와 같이 자기 통치의 주체는 자기 의사에 따라 선택할 수 있는 환경이 주어져 있으며, 열려 있는 선택지 가운데 어떤 선택을 할 것인지는 개인의 자발적인 판단에 달려 있다. 따라서 자신의 '운명'은 자기 선택의 귀결이므로 그 책임을 타자나 조직에 돌릴 수 없다. 타자에 의해 강요된 선택이 아닌 이상, 그것이 가져온 결과는 자신의 책임으로 수용되기 때문이다. 원리적으로는 선택한 당사자에게만 책임을 돌리는 것이 불가능함에도 불구하고, 자기 선택에 대한 책임은 자기에게 있다는 '규칙(rule)' 그 자체를 — 메타 수준에서 — 개인이 스스로 선택했다고 간주함으로써 타자와 사회의 책임이 해소되는 것이다.

지금까지 현대의 자기 통치의 특징을 세 가지로 살펴보았다. 자기의 능력을 모두 끌어내 자신이 소유한 잠재력을 성공적으로 실현하고, 자신의 행위에 대한 평가를 자기 / 타자 / 사회에 적극적으로 맡기면서 자기가 선택한 결과를 개인적으로 수용하는 것을 긍정하는 선택의 주체. 이것이 바로 현대의 '자유의 규율'이 추구하는 주체상(主體像)일 것이다. 그러면 이러한 자기 통치의 주체가 향유하고 있다고 간주되는 자유에는 어떤 문제가 있을까.

2. 자기 통치의 문제성

가장 먼저 지적할 수 있는 것은, 자기 통치의 주체는 자기 통치와 자신의 삶에 대해 항상 불안과 불만을 갖고 있다는 점이다. 그들의 불안은 자신이 행한 각각의 선택이 가져온 결과가 자신에게 어떤 영향을 미치는가에만 있는 것이 아니다. 그들은 자신을 평가해야 할 척도가 절대적인 안정성을 담보하지 않는 이상 그 척도가 바뀔 수도 있다는 점에 대한 불안을 떨쳐버릴 수 없으며, 또 무엇보다 앞으로 자신을 자기 통치의 주체로 유지할 수 있느냐 없느냐 하는 좀 더 근본적인 불안을 가질 수밖에 없다. 물론 이런 '자기에 대한 불안'이 '자기에 대한 자유'로 접속해가는 회로를 미리 차단하는 것은 아니다. 그러나 자기를 통치하고 평가해야 할 언어가 그 접속을 원활하게 하지는 못할 것이다. 자기의 자유를 능동적으로 규율하고자 하는 주체는 어떤 어휘를 사용하고 어떤 지표와 수치에 비추어 자신을 평가해야 하는가, 또 어떤 관점에서 자기의 심신을 관리해야 하는가의 문제는 평가 기관(회사)이나 카운슬러, 테라피스트(therapist) 등과 같은 전문가들에게 의존할 수밖에 없다.[6]

코널리(William E. Connolly)는 이러한 현대의 자기 통치를 '프로젝트화된 삶'이라 칭하면서, 그것이 '의존적인 불확실성'을 피할 수 없는 사정에 대해 다음과 같이 말했다.

> 후기 근대에서 자유와 책임에 대한 낡은 기준은 일련의 새로운 선택을 강요한다. 사람들은 자기의 삶을 하나의 프로젝트로 취급하면서 제도적으로 강제된 규율과 요구의 세밀한 네트워크를 어떻게든 헤쳐갈 수도 있고, 또 자기의 삶을 프로젝트화하기를 거부하면서 그러한 규율과 투쟁할 수도 있다. 전자의 길을 가는 사람은 자신을 둘러싼 제도의 혜택을 받는 것이다. 그것은 그 사람의 직장, 긍지, 수입, 업적, 출세, 권력, 가족, 그리고 개인적인 아이덴티티가 그의 영역과 일체가 된 광범위한 규범에 대한 미미한 순응과 관련되어 있다. …… 프로젝트로서의 삶이라는 후기 근대의 정의는 무엇보다 집중적인 자기 조직화를 요구하고 또 의존적인 불확실성〔좀 더 세련된 일련의 제도적 기준과 규율에의 의존 및 확립된 의존 규칙의 시간적 안정성에 대한 불확실성〕을 초래한다.[7]

자기 통치에 대한 두 번째 문제는, 자기 선택에 대한 자기 책임이 당연한 것으로 수용되는 환경에서는 사회적 문제가 개인적 문제로 환원됨으로써 사람들 '사이'에 있어야 할 문제가 사람들 '내부'의 문제로 전환되는 경향이 강화된다는 점이다. 자발적이고도 능동적인 선택으로 자기의 삶을 하나의 '프로젝트'화하려는 주체에게는 왜, 지금, 내가 선택해야만 하는가, 왜 다른 선택지는 없는가와 같은 일련의 가능한 반문이 봉쇄되어 있다. 결정을 지연시키거나 남에게 미루고 결정할 필요 그 자체를 의문시하는 것은 자기 통치 능력의 근본적인 결함·결락을 드러내는 것으로 인식되기 때문이다(개별 사항에 대한 선택 능력을 갖추지 못했다는 것이 곧 그 사람의 부자유를 의미하는 것은 아니다. 타자의 선택이었다 하더라도 그것이 그 / 그녀의 의사에 따른 것이라면 대부분의 경우는 그것만으로도 충분하다. 센의 말을 빌리면, 그 / 그녀는 '통제하는 자유'에서는 제약을 당하지만, '실효적 자유'에서는 제약을 당하지 않는다).[8]

유능한 자기 통치의 주체로 존속하기 위해서는 자신의 선택이 가져온 결과를 자기 책임으로 받아들일 용의가 있음을 타자에게 보이고, 자신에게 선택을 강요하는 환경 그 자체를 문제 삼지 말아야 한다. 이러한 자기 선택-자기 책임의 윤리를 수용하는 한, 그 선택에 작용하는 타자의 '결정', 조직의 '결정', 또는 정부의 '결정' 등의 다른 행위자를 비판하고 그 책임을 (동시에) 묻는 회로는 폐쇄되며, 자기 결정의 책임은 자기 내부의 문제, 즉 능력의 결여나 자기 관리의 실패와 같은 개인적 문제로 환원된다.

자기 통치에 대한 세 번째 문제는, 자기 선택-자기 책임의 윤리는 이렇게 문제를 개인화하는 태도를 조장하는데, 이런 태도는 타자의 삶에 대한 관심의 방식에도 영향을 미친다. 각 개인에게는 자신의 선택에 대해 타자의 책임을 물을 수 없기 때문에 타자의 좌절이나 실패는 — 조금 안타깝기는 하지만 — 나와 '관계없는' 일이 된다. 내가 나 자신의 삶에 개인적 책임을 갖고 있는 것과 마찬가지로 타자도 그의 삶에 대해 개인적 책임을 갖고 있다고 보는 이상, 그의 삶의 파탄은 어디까지나 그 / 그녀의 문제이지 내 문제는 아닌 것이다. 타자가 직면한 문제에 관심을 갖고 그것을 공공의 문제로 넓혀갈 가능성은 각자의 삶으로만 움츠러드는 관심의 상호 배타성 때문에 봉쇄되기가 쉽다.

마지막으로 자기를 통치하는 주체의 관심의 방식은 이러한 상호 배타성뿐만 아니라, 특히 '자유의 규율'에 복종하지 않는다고 간주된 타자에 대해 징벌적인 태도를 갖는 특징이 있다. 이러한 타자는 자기 통치라는 어려움 속에서 — 특권적으로도 — 해방되었음에도 불구하고 자기의 삶에 필요 이상의 부담을 주는 귀찮은 존재로 간주되기 때문이다. 자신의 삶에 대해 무책임한 사람들이 어떤 정서의 표적이 되는지를 서술한 코널리의 글을 인용해보자.

> 이런〔일반화된 증오(ressentiment)의〕 가장 현저하고 활발한 정치적 표현은 자립했다고 공인된 사람들이 의존적 상황에 있다고 공인된 사람들에 대해, 이를테면 제3세계 국가들, 유죄 선고자, 정신병자, 복지수급자, 적극적 차별의 시정 조치를 요구하는 자, 수준 미달의 운동선수, 미성년자, 10대, 불법체류 외국인, 그리고 특권을 누리는 대학생들의 호소에 대해 품는 적의(敵意)에서 발생한다. 즉, 이것은 교육, 처벌, 원조, 의존, 또는 특권 등 공식적으로 정의된 제도 안에서 자신의 처우에 대해 불평하고, 지배적인 제도적 기준에 말썽을 부리는 것처럼 보이는 모든 집단에게 품는 적의다. 요컨대, 프로젝트로서의 삶의 요건을 충족하기 위해 고군분투하는 다수의 사람들은 감당하기 힘들 정도의 자기 규율이나 의존 및 불확실성에 직면해 있는데, 왜 그런 '타자'들에게 불평할 권리를 주느냐는 것이다.[9]

'의존적 상황에 있는' 사람들에 대한 적의와 증오는 그 / 그녀들이 의존하고 있는 '공적인 것' 일반에 대한 멸시와도 관련이 있다. 예를 들면, 모자가정(母子家庭) 등 공적 사회보장제도를 이용하는 세대를 '공적 가족(public family)'이라고 하는데, 이는 스스로 생활보장을 구축할 수 없는 '파탄 난 가족(failed family)'의 다른 표현이다. 사적 생활보장(보험이나 주거 안전 등)을 갖추고 있는 것이야말로 그 사람의 자유를 증명하는 것이며, 반대로 '공적인 것'에 연루된다는 것은 그 사람의 무력을 입증하는 것으로 인식되는 것이다. '공적인 것'에서 '사적인 것'으로 이탈할 만큼의 힘을 갖지 못한 사람들이 잔류하는 환경에서는, 콜린스(P. H. Collins)가 말한 것처럼, "자유란 공공적 영역 속으로 들어가는 움직임이 아니라 반대로 거기에서 이탈하는 움직임을 의미"하게 된다.[10]

또한 바우만과 모리스 스즈키가 지적한 바와 같이, 자기 책임이 과잉적으로 강조되는 정치 문화와 '공통의 적'으로 간주되는 사람들 – 범죄자나 어떤 부류의 외국(인) 등 – 에 대한 '공동체적 증오'의 고조 사이에는 분리하기 힘든 관계가 있다. 고독하게 자기 책임을 감당할 수밖에 없는 사람들은 보통 겉으로 드러내기 힘든 불안과 공포 또는 불만과 무력감을 표출해도 무방한 표적에 투사함으로써, 잠깐 동안만이라도 모종의 공동성을 실감할 수 있기 때문이다.[11] 이데올로기로서의 자기 책임은 사람들을 고립과 고독에 빠지게 할 뿐만 아니라 간헐적으로 방사(放射)되는 부담감을 사회에 토로한다.

정치적 영역에서 '열(heat)'과 '빛(light)', 정념과 이성이라는 이분법은 애초부터 의미가 없으며, 토의 민주주의 또한 어떤 종류의 감정 — 가령, 부당함에 대한 분노나 타자의 고통에 대한 공감 등 — 에 의해 유지되고 또 그것을 환기함으로써 성립되는 것이다. 공공의 의사 형성이 합리적으로 이루어지기 위해 피해야 할 것은 정념 일반이 아니라 어떤 종류의 정념과 이성의 결합이다. 왈저(Michael Walzer)가 시사했듯이, 정치가 특히 중하층 이하의 사회계층이 품고 있는 정념 — 이것은 그 / 그녀 자신의 이익에 반한 정치적 선택을 하게 만드는 경우가 있다 — 에 크게 좌우되면, 자기 책임의 이데올로기에 따른 방식으로 재편된 사회에 어떤 감정이 축적되는지에 대해 주의 깊게 관찰할 필요가 있다.[12] 몽테스키외는 '정치체제를 움직이는 인간의 정념'을 '원리(principle)'라고 불렀는데,[13] 현대 사회에서 어떤 정념이 '원리'가 되고 있는지를 이해하는 것은 현대 정치에서 가장 중요한 문제 중의 하나일 것이다. 근대의 리버럴리즘은 항상적으로 예측 가능한 — '평온함이 강한' — 정념으로 '이익(interest)'이 다른 — '난폭함이

약한' — 모든 정념을 제어할 수 있다는 이해방식으로 정치와 사회의 안정성을 추구해왔지만,[14] 그러한 '이익'이 어떤 방식으로 추구될 경우 그것은 자신이 제어할 수 없는 정념을 만들어낼 가능성도 있다.

'자유의 규율'을 책임지려 하지 않는 사람들 또는 거기서 낙오된 사람들에 대한 사회의 처우가 어떤지에 대해서는 다른 지면을 통해 논의한 적이 있으므로 여기서는 요점만 확인하도록 하자.[15]

자기 선택-자기 책임의 논리가 타당한 권역(圈域) — '선택의 레짐'(J. 롤스) — 에서 탈락한 사람들은, 한편으로는 재교육이나 직업훈련 등과 같은 좀 더 직접적인 규율 대상, 즉 자기 통치의 주체가 되는 것을 저해하는 모든 요소를 제거하기 위한 교정/치료의 대상이 된다. 요컨대, 그/그녀들은 그것이 주변적인 것일지라도 노동시장에 복귀하기 위한 기능을 신속하게 익히고 생활 습관을 건전하게 하는 훈련을 통해 울화병이나 의존증과 같은 '병리'에서 벗어날 수 있도록 일련의 규율과 교정이 강제되는 대상이 된다. 그/그녀들은 능동적인 '자조'의 주체로 취급되는 것이 아니라, 가부장적 간섭으로 통치되어야 할 '피통치자'의 위치에 놓이는 것이다.

다른 한편 대체로 자기 통치 능력이나 의욕이 부족해 보이는 사람들은 감시 / 치안 관리의 대상이 된다. 그 / 그녀들은 적어도 잠재적으로는 가난할 뿐만 아니라 반사회성과 준범죄성을 띤 것처럼 보이기 때문에, 그들은 향후 그것이 초래할 위험성을 제어한다는 '사회 방위'의 측면에서 관리된다. 실제로 대도시 저변의 하류층은 이동의 자유, 통신의 자유, 또는 프라이버시까지 침해당하는 경우가 있는데, 이러한 시민적 자유에 가해지는 제약은 실제로 안전의 확보라는 이유로 정당화되고 있다. 공권력에 의한 직접적인 치안 관리의 대상이 되지 않는 경우에도 그들은 거주 공간의 분리·격리 및 상업 시설 등의 경비 강화 등을 통해 실질적으로 이동=접근의 자유를 제약받는 경우가 많다.[16]

제5장 자유와 안전

1. 안전으로서의 자유

제1부에서 시사했듯이, 자기 통치에 대한 새로운 강조와 안전에 대한 경도(생활보장이 치안으로 한정·축소되는 경향) 사이에는 일정한 병행관계가 있다. 이는 생활보장이 점차 개인의 자기 통치 영역으로 흡수됨으로써 각자의 책임하에 사적으로 구축되어야 할 것이 되면 공적 통치는 자신의 존재 이유로서 물리적인 안전보장을 전면에 내세우게 되기 때문이다. 또 자기 통치를 강조하게 되면 사람들의 관심을 내부로 돌려 경제적·사회적 격차가 점점 벌어지면서 타자에 대한 불신을 야기하기 때문이다.

사회의 분리화를 배경으로 하는 이러한 타자에 대한 불신은 우리 사회를 다시 공포를 '원리'(질서의 양상을 규정하는 정념)로

하는 사회로 접근시키는 것처럼 보이기도 한다. 이런 현상은 '공공복지' 대신 '공공의 질서'나 '공공의 안전'이라는 말에 내재된 수많은 부채〔負〕의 기억을 지우고 다시 전면에 부상하기 시작한 데서도 간취할 수 있을 것이다(가령, '자민당 신헌법 초안'에서, 헌법 제12조 "이 헌법이 국민에게 보장하는 자유 및 권리는 …… 언제나 공공의 복지를 위해 이용할 책임이 있다"라는 문구는 "…… 항상 공익 및 공공의 질서에 반하지 않도록 자유를 향유하고 권리를 행사할 책무가 있다"로 개정되었다).[1] 공공의 질서와 안전이 사람들의 시민적·정치적 자유 ― 신체의 자유, 거주의 자유, 통신의 자유, 표현의 자유, 결사의 자유, 사유 재산 용익·처분의 자유 등 ― 를 제약하거나 거기에 기초한 모든 권리의 정지를 정당화하는 논리로 작용한 것은 바이마르의 역사에서도 보았지만, 현재도 그것은 사람들의 자유를 보장해야 할 법을 정지하는 '예외상태'(G. 아감벤)를 통치자(주권)가 설정한다는 논리로도 작용할 수 있다.

공공의 질서와 안전은 사람들의 자유를 제약·박탈하기도 하지만, 동시에 그것은 사람들의 자유를 수호하기 위한 것으로 정당화되기도 한다. 즉, 자유를 수호하는 일과 생명 / 생활의 안전을 확보하는 일이 거의 동의어로 파악되고 있는 것이다. 이러한 자유와 안전의 동일시는 현대에 와서 생긴 경향이 아니라 근대 사회의 사상과 행동을 관통해온 하나의 기조이기도 하다.

예를 들면, '고대인의 자유'와 '근대인의 자유'를 대비하면서 후자를 옹호했던 콩스탕은 '근대인의 자유'는 '사적 향유의 안전'이 제도적으로 보장된 것으로 보았다. "고대인의 목적은 조국을 구성하는 시민 전체가 사회의 집단 권력을 공유하는 데 있었고, 또 그것을 자유라고 명명했습니다. 반면에 근대인의 목적은 개인의 사적인 향유의 안전을 보장하는 데 있었고, 또 그 향유가 정치 제도에 의해 보장되는 것을 자유라고 명명했습니다."[2] 자유란 '강제의 결여'라고 정의하면서 소극적 자유 개념을 옹호한 벤담 또한 법으로 보호되어야 할 가치는 자유가 아니라 '안전'이라 명언하면서, 사적 영역에서의 자유란 실질적으로는 안전으로 치환 가능한 것이라고 생각했다.[3]

근대에 와서 자유와 안전이 거의 동의어로 간주됨에 따라 사람들의 생명 / 생활의 안전을 확보하는 일이 통치의 목적으로 해석된 것에 대해 아렌트는 다음과 같이 요약했다.

> 정치에서의 잠재적인 자유(freedom)라는 정치적 자유(liberty)의 정의는 단순히 우리의 최근 경험에 의해 촉구된 것이 아니다. 그것은 정치이론의 역사에서 큰 역할을 담당해왔다. 이러한 사

고는 정치적 자유를 오직 안전과 동일시했던 17·18세기의 정치 사상가들에게서 유래한 것이다. 거기서 정치의 최고 목적, 즉 '통치의 목적'은 안전의 보장이었고, 이때의 안전이란 자유를 가능케 하는 것이었으며, 이 '자유'라는 말은 정치 영역의 외부에서 생기는 활동의 진수를 가리켰다. …… 19·20세기 초엽 정치학과 사회과학의 대두는 자유와 정치 사이의 불화를 더욱 확장시켰다. 그 이유는 정치 — 근대 이래 정치적 영역 전체와 동일시된 — 는 이제 자유라기보다는 생활 과정, 즉 사회와 개인의 이해관계의 후견인으로 간주되었기 때문이다. 근대에도 여전히 안전은 결정적인 규준으로 존속하기는 했지만, 그것은 이제 홉스가 말한 '폭력적 죽음'에 대항하는 개인의 안전 — 홉스에게 있어서 모든 자유의 조건은 공포로부터의 자유다 — 으로서가 아니라 사회 전체의 생명 과정을 방해하지 않기 위한 안전이었다.

우리는 자유를 옹호하기 위해 정치를 불신할 수밖에 없는 고유의 이유를 갖고 있다. 그러나 근대는 그 이상으로 자유와 정치를 배반했다.[4]

이 짧은 글에는 몇 가지 중요한 시점과 시사가 내포되어 있다. 첫째, 근대 전반에 걸쳐 정치와 자유는 상반된 것으로 간주되었는데, 전체주의의 경험으로 인해 그 견해가 확고해졌다는 것, 둘째, 근대에 와서 통치의 목적은 정치적 영역에서의 자유를 보장하는 것이 아니라 비정치적 영역에서의 안전을 보장하는 것으로 간주되었다는 것, 셋째, 통치에 의해 보장되어야 할 안전은 초기 근대의 개인의 생명 / 생활의 안전에서 후기 근대의 집합체(사회체)의 생명 / 생활의 안전으로 바뀌었다는 점이다.

아렌트의 관심은 안전과 등치된 상태에서의 자유를 분리함으로써 정치적 자유가 향유되어야 하는 영역을 생명 / 생활에 대한 배려가 목적인 영역 — 아렌트가 말하는 '사회적인 것'의 영역 — 으로부터 구제하는 데 있다. 그녀는 '세계의 자유'에 대한 관심과 '삶에 대한 배려'를 날카롭게 대비하면서 '세계', 즉 공공적 영역을 '삶에 대한 관심이 타당성을 상실한 영역'이라고 말했다.[5] 아렌트는 근현대 사회에서 자유가 안전으로 환원·흡수되어 생명 / 생활의 안전보장을 목적으로 하는 통치가 정치의 유일한 자리를 차지하게 된 원인을 개인이나 집합체의 삶에 대한 배려가 자유에 대한 관심을 능가하면서 자유를 주변으로 추방한 데서 찾고 있다. 푸코가 그랬듯이 아렌트 역시 전체주의의 권력을 집합체의 생명과 건강을 배려하는 후기 근대의 '생체-권력'의 연장선상으로 파악한 것이다.

아렌트의 주장처럼, 자유에 대한 관심과 삶에 대한 배려는 질적으로 비연속적인 측면을 갖기 때문에 전자는 후자로 환원될 수 없다. 자유에 대한 관심은 자기와 타자가 서로 언어와 행위로 표현할 수 있는 조건을 공통 세계 속에서 형성하고 유지하는 것에 있다. 그것은 각 개인이 사적으로 향유하는 생활의 안전을 보장한다거나 외부의 위협으로부터 집합체의 생명 — '국민'이라는 집합적 생명 — 을 보호한다거나 그들의 건강을 도모하는 일과는 다른 것이다. 그러나 앞에서 언급했듯이, 자유에 대한 관심이 부분적으로는 생명 / 생활에 대한 배려와 중복되어 있으며, 따라서 통치가 사람들의 삶에 대한 보장을 어떻게 달성할 것인가 하는 과제를 안고 있다는 것도 부정할 수는 없다. 중요한 것은 자유와 생명, 자유에 대한 관심과 삶에 대한 배려를 동일선상에서 대립시키는 것이 아니라 자유에 대한 관심을 기초로 어떻게 삶에 대한 배려를 방향지을 것인가의 문제다. 생명 / 생활의 안전이라는 의미를 어떻게 이해할 것인가는 다분히 정치적인 문제로서, 그 해석에 따라 통치의 방식이 근본적으로 달라질 것이다.

현재 생활의 안전은 아렌트가 말한 초기 근대적 의미로 이해되고 있는 것처럼 보인다. 즉, 폭력으로부터의 안전이라는 홉스적 의미, 그리고 재산의 보호라는 로크적 의미인 것이다. 통치에 의해 달성되어야 할 것은 공포로부터의 자유와 소유·교환의 자유이므로, 적어도 집합체의 삶의 안전이라는 후기 근대적 의미로서의 자유는 '사회보장' — 집합체 내부에서 사람들이 서로의 생활을 보장하는 시스템 — 이라는 측면에서 확실히 축소되고 있다(사회적 자원이 유효하기 때문에 선택적으로 '투자'할 수밖에 없을 때, 푸코가 말한 '생체-권력'은 집합체를 구성하는 성원 모두를 적극적으로 '살릴 수 있는' 권력이 될 수 없으므로 선택적으로 '죽음에 내몰리는' 성원을 양산할 수밖에 없다).[6] 치안이라는 의미에서의 안전의 대두와 생활보장이라는 의미에서의 안전의 후퇴는 분명히 서로 관련된 현상이다. 자유의 옹호에 관심을 둘 때, 과연 이러한 안전의 재편을 어떻게 평가해야 할까. 한편으로는 삶의 전망과 희망을 상실할 수밖에 없는 사회계층을 양산하면서 또 폭력으로부터의 안전 / 재산의 보호라는 지극히 제한된 의미에서의 안전보장을 도모하는 통치는 과연 사람들의 자유에 어떤 효과를 미치게 될까.

2. 치안사회와 자유

우선 지적할 수 있는 것은, 치안은 사람들의 생명 / 생활의 안전을 어떤 위협으로부터 보호하는 것을 그 사명으로 한다는 점이다. 그것은 사람들의 생활공간이 분리된 여건 속에서 안전이 확보되어야 하는 사회를 그렇지 못한 사회로부터 격리시켜 안전한 사회에 대항하는 외부의 접근을 관리한다. 푸코가 지적했듯이 치안을 목적으로 하는 통치는 전체주의 통치와는 다르므로, 안전한 사회 내부에서는 삶의 방식을 세세하게 통제하려 하지는 않는다(그것은 당연히 개인의 자기 통치에 맡겨진다).

현재의 치안사회는 타인과 다르거나 변화가 심한 일련의 행동에 대해 관용적이다. 물론 그 행동에서 우발적이고 위험하다고 간주되는 사건이나 인물, 행동을 제거하여 어딘가에 숨겨둔다는 조건이 붙기는 하지만. 이처럼 어디에서 어디까지가 '위험하고 우발적인 사건'인지는 결국 권력의 결정에 달려 있다. 그러나 이렇게 어딘가에 숨겨두는 방식이 행동의 여지와 다원주의가 관용의 형태로 인정되는 정도는 전체주의의 경우에서보다 훨씬 크다. 이것은 전체주의 권력보다 더 영악하고 교활한 권력

인 것이다.[7]

안전한 '영역' 안에서는 '타인과 다르거나 변화가 심한' 자유가 제약되거나 박탈되는 일이 없다. 다양성을 허용하는 '영역'의 외부에서는 '질서의 적'으로 간주된 사람들의 자유가 축소되는 일이 있지만, '치안사회'에서는 그러한 자유의 제약·박탈이 그 '영역' 내의 자유를 보장하기 위함이라는 논리로 정당화된다. 발리바르(Étienne Balibar)의 표현을 빌리면, 거기에는 '안전한' 공간과 '안전을 필요로 하는' 공간이 뚜렷하게 분리되어 각각의 공간에서 향유되는 자유의 폭에 생기는 압도적인 차이가 정당화된다.[8]

두 번째로 지적할 수 있는 것은 안전하다고 간주된 사회에 살고 있는 사람들에게 치안 강화가 공포로부터의 자유, 불안으로부터의 자유를 반드시 보장하는 것은 아니라는 점이다. 대체로 치안 강화와 공포는 서로를 구축하는 관계며, 객관적으로 안전수준이 상승했다고 해서 그만큼 타자의 행동에 대한 공포가 저하되는 것도 아니다. 일찍이 홉스가 지적했듯이, 공포란 이른바 '공포에 대한 공포'로서, 그것은 현실적인 위협이라기보다는 오히려 상상적 위협에 대해 품고 있는 일종의 정념이다. 타자에 대한 불신은 어느 정도 해소될 수는 있지만 결코 진압되지는 않는데, '치안사회'란 바로 타자에 대한 불신을 증폭시킴으로써 자신을 존속시키는 사회다.

세 번째로 거론할 수 있는 것은, 치안에 의한 안전은 사람들의 생명 / 생활의 안전을 지키는 데 있어서 어디까지나 부분적인 것에 지나지 않는다는 점이다. 치안이 달성하고자 하는 것은 타자의 폭력이나 소유의 침해로부터 물리적으로 지키는 안전에 불과할 뿐, 사람들의 생명 / 생활의 전 분야에 대한 보장은 아닌 것이다. 물론 물리적인 안전 확보는 우리가 자유를 향유하기 위해 없어서는 안 될 조건 가운데 하나지만, 그것으로 인해 우리의 자유가 촉진되거나 확장되는 것은 아니다. 치안이란 자유의 **보호**에 관한 것이지 사회보장과 같은 자유의 **촉진**에 관련된 것이 아니다.

'치안사회'에서 안전 논리의 자기 확장이 위험한 것이라면 이에 대해 어떤 대응이 가능할까. 이에 대해서는 크게 다음의 두 가지 대응이 가능할 것이다. 첫째, 국가의 권력을 제한하는 리버럴리즘의 전통으로 회귀하여 치안을 목적으로 하는 통치 권력이 발들일 수 없는 자유의 영역을 다시 확정하는 것이다. 현대의 치안이 사람들의 내면보다는 외면의 행동 관리에 중점을 두는 이상[9] 표현의 자유, 통신의 자유, 이동의 자유, 프라이버시의 자유 등 침해할 수 없는 자유의 영역을 재차 명시하는 대응이 어느 정도는 유효할 것이다. 그러나 안전하다고 간주된 영역에 속한 사람들에게는 이러한 자유 ― 가령, 통신의 자유 ― 가 제약되더라도, 그것이 자신의 생명 / 생활의 안전을 더욱 확실히 하기 위한 필요 조치로 인식한다면 그 제한을 수용하는 것이 어려운 것은 아니다. 따라서 소극적 자유라는 방위선을 재구축하는 일은 안전 논리의 확장을 제지하는 데 그다지 유효한 것이 못 된다.

두 번째 대응은, 안전이라는 용어의 의미를 변용함으로써 생명 / 생활의 안전을 치안 강화와는 다른 방식으로 구축해가는 것이다. 자주 지적되듯이, '안전(se-curity)'이라는 용어의 어원은 '불안·걱정(cura)'이 '없는(se)' 상태를 가리킨다. 치안이 사람들의 생명 / 생활 전반에 안전=안심을 구축하는 데 결코 충분한 것이 아니라면, 그리고 치안 강화가 요구되는 사회란 불안이 가득한 사회뿐이라면 불안의 원천 그 자체를 제거하려는 대응이 요구될 것이다

물론 치안 강화는 현재의 '안전망(safety net)'과 연관되어 언급되는 일이 많으며, 생명 / 생활에 대한 배려 또한 물리적인 안

전 확보에만 치우쳐져 있다고는 할 수 없다. 그러나 '안전망'은 그 명칭에서 보이듯, 사후적 구제로서의 생활보장을 의미하는 것이지 어떤 상황에 놓인 사람에게 (또 다시) '삶의 전망'을 기대할 수 있게 하는 생활보장이 아니다(게다가 그것은 부의 격차가 심화되는 것을 허용하기도 한다). 현재 또 다시 확장되고 있는 '안전망'이 사람들을 안심시킬 수 있을 것인가를 굳이 묻지 않아도, 그것이 사람들의 삶의 자유를 촉진하는 생활보장적 사고와 질적으로 다르다는 것은 분명하다. 자유의 옹호라는 관점에서 보면, 생활보장은 사람들이 그것을 직접 사적으로 구축해야 하는 압력에 노출되지 않을 만큼의 내실을 갖추고 있어야 한다. 이미 말했듯이, 그러한 압력에 노출되면 사람들이 구상하는 '삶의 계획'은 결코 다원적인 것이 될 수 없다.

제6장 자유와 공공성

현대 사회에 침투해 있는 안전 논리는 사람들 사이의 간격을 설정하고 그것을 확대하는 방식으로 작용하고 있다. 실제로 타자가 향유할 수 있는 자유가 제약을 당하더라도 그 타자와의 '공간'을 상실한 사람들은 그것을 자유의 제약으로 받아들이지 않을 것이다. 공공성이란 사람들 '사이'에 있는 공통의 문제나 사건에 대한 관심을 매개로 한 관계성을 가리키는데, 타자의 삶에 생긴 사태에 대한 관심이 사라진다면 타자가 직면한 문제는 자신과 아무 관계없는 '그들의' 문제로 도외시될 것이다. 타자의 자유의 상실이 결코 타자만의 자유의 상실로 완결되지 않는다는 사실이 20세기의 역사에서 얻은 경험이라 할 때,[1] 다시 타자에게 관심을 갖고 타자의 자유를 옹호하는 일은 자기의 당면 이익과 전혀 상관없다 하더라도 '세계의 자유'를 옹호하기 위해서는 반드시 필요한 것이다.

우선 현대 사회에 있어서 타자와의 '사이'를 없애고 타자와의 교섭을 피하는 반공공적 경향이 강화된 사정을 확인하면서 그러한 분단 / 격리하에서 향유되는 '자유'의 문제점을 밝히고, 이어서 우리가 타자의 자유를 옹호해야 하는 이유가 있다면 그것이 무엇인지 좀 더 근본적인 질문을 던지면서 타자의 자유를 옹호한다는 것의 의미와 책임을 재고해보자.

1. 자기 격리의 '자유'를 넘어서

"타자에게 일어나는 사태에 관심을 갖는"(A. 센) 일은 우리 '사이'에 있는 공통세계에 관심을 갖는다는 것과 동일한 것이다. 따라서 만약 '타자에게 일어나는 사태'를 미리 자신의 관심 범위에서 없애려는 경향이 조장된다면, 각 개인과 타자 사이에 있는 세계는 극히 협소해져서 사적이지 않은 — 아렌트 식으로 말하면, '어리석지' 않은 — 성격은 현저히 사라지게 될 것이다. 그런데 오늘날 광범하게 간취되는 것은 자신을 타자로부터 분리하여 가능한 한 타자와의 교섭 그 자체를 회피하려는 태도다.

타자와의 교섭 회피를 조장하는 조건 가운데 중요한 것은 현대의 정보 테크놀로지하에서는 대체로 타자와 대면할 필요가 없는 환경이 쉽게 구축되고 있다는 데 있다. 자신이 원하지 않는 정보를 미리 배제하는 행동을 일반적으로 '필터링(filtering)'이라고 한다. 이것은 자신에게 주어진 막대한 정보의 양을 경감한다는 점에서 합리적인 행동이며, 관심이 쓸데없이 확산되는 것을 방지함으로써 자신이 대응할 수 있는 문제의 범위를 어느 정도 좁힐 수 있다는 점에서 윤리에 근거한 행동이라고도 할 수 있다. 그러나 한편으로 그렇게 예단된 자기 배제의 행동은 자기가 원하지 않는 정보에 사람들이 수동적으로 접속할 기회를 감소시킴으로써 자신과 삶의 방식이 다른 타자에게 접속할 수 있는 회로를 스스로 차단하는 효과를 갖는다. 아렌트는 공공적 공간을 이질적 타자와의 교섭이 발생하는 '만남의 장소(meeting place)'라고 표현했는데, '필터링'은 그러한 공간을 일정한 영역 속으로, 즉 원하지 않는 타자와의 우연한 만남이나 교섭이 생기지 않는 영역 속으로 숨을 수 있게 한다.

분명 타자와의 만남이 항상 즐거울 수는 없으며 경우에 따라서는 자신의 삶에 부담을 주기도 한다. 우리는 타자가 처해 있는 상황을 목도함으로써 그 / 그녀들이 지닌 곤란함과 거기에서 (잠재적으로는 자기를 향해) 발생하는 필요나 요구에 노출되기도 하고, 자신과 상반되는 가치나 이해를 지닌 타자와 만남으로써 그 / 그녀들과의 항쟁을 포함한 긴장관계에 내몰리기도 할 것이다. 이와 같은 부정적인 경험에 노출될 가능성을 '필터링'을 이용하여 예방적으로 줄일 수 있다면, 그것은 분명히 타자의 '쓸데없는' 간섭에 노출되지 않을 수 있다는 점에서 자신의 자유에 매우 유익한 것처럼 생각될 수도 있다. 그러나 이른바 자기 격리하에서 향유할 수 있는 '자유'에는 막대한 손실이 수반되기도 한다.

앞에서 언급했듯이, 자유에는 항상 '다르게'라는 비결정성의 계기가 포함되어 있다. 그것은 타자가 '다르게' 존재하고 또 그렇게 되기를 원한다는 의미에서의 자유만을 가리키는 것은 아니다. 우리 자신도 역시 그때그때마다 어떤 존재이면서 또 항상 '다르게' 존재할 수 있는 가능성을 내포한 존재자다. 그러한 가능성이 촉발되고 환기될 수 있는 것은 우리가 서로의 '사이'에 존재함으로써 무조건 타자와 교섭할 수밖에 없는 존재자이기 때문이다. 수동적으로 타자에게 노출되어 있다는 바로 그 조건이, 그때그때 어떤 존재인 내가 그 무엇(자기동일성)으로부터 벗어날 수 있는 '운동의 자유'를 주기 때문이다. '필터링'을 통한 능동적 자기 격리가 완전한 본래의 모습이 아닌 이상 사람들 '사이'에 있다는 조건이 사라질 수는 없지만, 그것에 의해 예기치 않은 타자와의 만남에 노출되는 수동성이 크게 제거된다는 점은 부정할 수 없다. 그것은 우리가 각 개인의 자유에 상호 작용하는 관계성을 창출하는 것이 아니라 오히려 타자와의 교섭을 축소하고 교섭에 따르는 경험을 박탈함으로써 '다르게' 존재할 수 있는 자유의 여지를 축소시키는 효과를 갖는 것이다.

타자와의 교섭 회피가 자유에 미치는 또 다른 부정적 효과는 타자의 필요나 요구를 거부하는 일이 옳은지 그른지를 스스로 반문함으로써 자신과 타자가 공생하는 사회의 존재 방식을 자기의 문제로 받아들이는 공공적 감성을 약화시킨다는 점이다. 즉, 자신과 다르게 사는 타자와의 교섭이 상실된다는 것은 그 타자의 시점으로 자신이 살아가는 공간을 조망하고 또 세계와의 관계에서 자신이 어떤 위치에 놓여 있는가를 파악할 수 있는 기회를 상실한다는 것을 의미한다. 자신과의 '사이'가 제거된 타자에게는 미디어에서 유통되고 소비되는 고정관념(stereotype)이 투영되기 때문에, 만약 그것에 대해 어떤 특별한(ad hoc) 반응이 돌아온다 해도 그로 인해 그 / 그녀가 직면한 문제는 자신과 무관하다는 감성 그 자체가 동요되는 일은 거의 없을 것이다. 타자가 당하는 자유의 제약과 박탈은 당사자에게 책임을 물을 수 없는 부정의가 아니라 그 당사자의 불행으로 간주될 것이다.

칸트 이래 타자와의 커뮤니케이션의 자유 — '이성을 공공적으로 사용하는 자유'〔『계몽이란 무엇인가(to the Question: What is Enlightment?)』〕— 는 단순히 '자립적 사고(Selbstdenken)'의 조건으로서뿐만 아니라, '시야가 넓은 사고양식(erweiterte Denkungsart)'〔『판단력비판(Kritik der Urteilskraft)』〕, 즉 현재 자신의 관점에 구속되지 않는 적절한 판단력을 갖추기 위한 조건으로서도 중시되었다. 시야의 협소함과 그에 수반되는 관심의 사적인 것으로의 축소는 사람들의 자발적 사고 능력뿐만 아니라 자신의 판단에 대한 타당성, 즉 타자에 의해 수용될 수 있는 타당성을 박탈한다. 이러한 이해는 칸트 사상에 내재된 커뮤니케이션의 계기에 주목하여 그것을 부각시킨 야스퍼스(Karl Jaspers), 아렌트, 하버마스 등의 사상가들에 의해 각각 다른 방식으로 계승되어왔다. 이들에게 이성은 개인이 사적으로 소유한 합리적인 추론 능력이라기보다 오히려 타자와의 (현실적 혹은 가설적인) 커뮤니케이션 속에서 발생하는 대화적 이성, 공공적 이성을 의미한다. 타자의 의견을 듣는다는 것은 그 타당성을 스스로 음미하여 자신의 의견이나 선호·욕구를 수정해가기 위한 필수적인 계기다. 이런 의미에서 커뮤니케이션의 자유는 자기에게 '운동의 자유'를 불러일으키고, 또 그 자유를 방해받지 않을수록 우리는 다양한 관점에서 자기 자신의 자유를 재인식할 수 있다. 아렌트는 정치적 사고의 특성을 'discursive'('토의적'이라는 의미와 '여기저기 자유자재로 움직인다'는 뜻이 중첩되어 있다)한 데 있다고 보고 다음과 같이 말한다.

> 우리의 사고가 진정으로 'discursive'할 때는 진리가 아니라 의견에 관련된 경우다. 의견에 관련될 때 우리의 사고는 서로 갈등하는 모든 종류의 견해를, 요컨대 이곳에서 저곳으로, 세계의 이쪽에서 저쪽으로 뛰어다니다가 결국 마지막에는 다양한 견해의 특수성을 초월한, 한쪽으로 치우치지 않은 보편성(some impartial generality)에 도달한다.[2]

이렇게 획득된 보편성은 절대적인 것이 아니라 우리가 '접근'할 수 있었던 타자와의 커뮤니케이션의 지평에 제약된 것인데, 이것은 우리가 '접근'할 수 없었던 장소가 있었다는 것을 우리에게 자각시키는 제약이기도 하다('discursive'한 것, 그 자체의 외부를 자각시키는가의 여부는 차치하더라도).

'필터링'으로 가능한 자기 격리의 '자유'란 이처럼 '운동의 자유'를 희생함으로써 구축된다. 움직일 수 없는 '자유'라는 말이 형용모순이라면, 그리고 전혀 움직이지 않는다는 것이 불가능한 것이라면, 실제로 무엇이 그런 움직임을 막는 힘으로 작용하는지를 비판적으로 반문해보면서 상호 간의 움직임이 서로 연동하는 'discursive'한 커뮤니케이션의 형태는 어디서 어떻게 발생하는지에 주목하거나, 사람들이 타자의 의견에 구체적으로 접근할 수 있게 하는 커뮤니케이션의 제도가 어떻게 가능한지 검토할 필요가 있다〔가령, 피쉬킨(James Fishkin)과 애커먼(Bruce Ackerman)에 의한 'Deliberation Day'(선거일에 앞서 시민들 간에 정책과 관련된 토론을 하는 날) 제도의 구상은 이런 점에서 주목할 만하다〕.[3]

2. 타자의 자유의 옹호

지금까지의 논의를 통해 단순히 타자로 인해 자신의 자유가 제한되는 것은 아니라는 점이 좀 더 분명해졌을 것이다. 물론 타자를 통해 자신의 자유를 실현할 수 있는 상승적 관계가 항상 존재할 수만은 없는 것처럼, 자유 또한 서로를 제한하는 상극적 관계로만 존재하는 것도 아니다.

자유와 자유가 경합할 경우 그것을 어떻게 조정할 것인지, 또 어떤 자유를 보다 우선될 것으로 평가할 것인지, (우선순위가 명확한 경우가 있다면) 좀 더 중요하게 간주되는 자유를 구체적으로 어떻게 옹호할 수 있는지에 대해 여기서 자세히 설명하는 것은 불가능하다. 앞에서는 표현의 자유와 증오 표현으로 위해(굴욕)를 당하지 않을 자유가 경합하는 예를 들었는데, 이 경우에도 국가에 의한 '검열'을 통해 증오 표현을 봉쇄하는 것은 바람직한 대응이 아니라는 것을 확인했다. 테일러가 시사했듯이, 우리는 모든 자유를, 그리고 모든 자유의 제약이나 박탈을 무차별한 것으로 보지 않고 그것의 중요성을 구별하며, 또 그것을 구별할 때는 자유 이외의 가치 — 예컨대 평등, 공공복지, 안전, 효율, 환경보존과 같은 가치들 — 를 함께 고려할 때도 많다〔이런 관점에서 하트(Herbert Hart)는, "자유는 더 큰 자유의 상실을 피하기 위해서만 제약될 수 있다"라는 롤스의 주장을 비판했다〕.[4] 우리가 자유의 중요도를 질적으로 구별할 때, 그 판단을 지지하는 규범적 배경 지식(사람들에게 공유되고 있는 가치 의식)을 어느 정도까지 명시화할 수는 있겠지만 아마도 그 이상은 곤란할 것이다. 이론에 바

랄 수 있는 것이란, 자유와 자유의 경합이 구체적으로 발생했을 때 그것을 해결·조정하기 위한 공공의 의사 형성·결정을 규제할 정당한 절차를 제시하면 그만이라고 생각한다(하버마스의 '커뮤니케이션 이론'은 그러한 시도의 하나다).

한편 타자의 자유와 자기의 자유 사이의 관계는 상극적이기도 하고 상승적이기도 한데, 이런 관계에서 우리는 그저 자기의 자유만을 주장하는 것이 아니라 타자의 자유를 옹호하기도 한다. 그렇다면 우리가 타자의 자유를 옹호하는 이유는 무엇인지 생각해보자.

먼저 거론할 수 있는 것은, 타자의 자유를 승인하지 않으면 자기의 자유도 승인되지 않는다는 '자유의 상호 승인'이다〔이것은 자신의 존재 방식이 그것에 의해 좀 더 보편적인 것 — '타재(他在)*하에서의 자유' — 으로 변용된다는 헤겔식의 '상호 승인'을 말하는 것이 아니다〕. 자유와 자유의 대립·경합은 특히 비공약적 차원에서 더욱 치열해지는 경우가 있다. 이런 경우 자유의 상극으

* 헤겔 철학에서 어떤 것에 대립하여 그것을 부정하고 변화·발전하여 이루어진 존재, 즉 변증법에서 말하는 반정립이나 이데아에 대한 자연 따위의 존재를 일컫는다. __ 옮긴이

로 인한 공멸을 피하고 그것이 서로에게 미칠 악영향을 피하기 위해서는 상호 공존을 도모하는 타협이 형성되어야 한다. 이것이 바로 상호 불가침으로서의 '잠정 협정' 논리다. 그럼에도 상호 공존을 위한 타협 형성의 이유에는 명백한 한계가 있다. 자유의 상극은 서로가 대등한 조건하에서는 발생하지 않는데, 이는 어느 한쪽이 다른 쪽을 압도하는 권력관계에서 발생하는 경우가 대부분이기 때문이다. 이노우에 다쓰오(井上達夫)가 지적한 바와 같이, 만약 소수파의 힘이 무시해도 될 만큼 미력하다면 다수파에게는 소수파와 타협을 해야만 할 전략적인 이유가 없을 것이다.[5] 따라서 자신의 자유를 위협할 힘이 없는 타자의 자유를 왜 옹호해야 하는가의 질문에 대해 '잠정 협정'은 충분한 설득력을 갖지 못한다(그러므로 정치적 리버럴리즘에서는 사람들로 하여금 어떻게 '잠정 협정'을 지지할 수 있는 '서로 혼합된 합의'로 이끌어 가느냐가 문제시된다).[6]

타자의 자유를 옹호해야 하는 두 번째 이유로 거론할 수 있는 것은 타자의 자유는 사회와 문화를 활력적으로 유지하고 그 진전에 기여한다는 점이다. 여기에서는 소수파의 자유도 적극적으로 긍정될 것이다. 왜냐하면 사회와 문화를 정체 상태에 빠뜨리지 않기 위해서는 다수파와 다른 가치를 추구하는 소수파의 자유, 즉 사회에 새로운 가치를 도입할 수 있는 개인의 자유가 옹호되어야 하기 때문이다. 이것은 밀이 『자유론』에서 언급했던 자유 옹호의 가장 근본적인 이유기도 하다. 이 책에서 밀은 괴짜(eccentric)의 자유를 포함한 개성의 자기주장을 적극적으로 옹호했는데, 이는 사회의 활력을 유지하고 — '집단적 범용(凡庸)'을 피해 — 문명을 지속적으로 진전시키기 위함이었다(그의 '오리엔탈리즘'을 표출한 용어로 말하자면, 유럽의 문명사회를 '제2의 중국'으로 만들지 않기 위해서이다). 사적인 자기 창조의 자유를 철저히 옹호하고자 한 로티 또한 새로운 어휘(메타포)의 창조를 문화 혁신의 필수적 계기로 인식한 점으로 보아 바로 이러한 이유에서 타자의 자유를 옹호한 것으로 볼 수 있을 것이다.[7] 이 두 번째 이유의 문제점은 창조성·혁신성을 발휘할 수 있는 사람들에게만 해당된다는 것, 따라서 모든 타자의 자유를 옹호하는 것은 불가능하다는 데 있다(실제로 밀과 로티는 새로운 창조를 가능케 하는 재능은 지극히 한정적이라는 점을 인정했다).

타자의 자유를 옹호해야 하는 세 번째 이유는, 타자의 자유는 '남들처럼' 누리길 원하는 나 자신의 자유의 필수 불가결한 원천이기 때문이다. 이 이유에 따르면, 자신과 이질적인 가치를 추구하는 타자의 자유를 부정하는 것은 나와 타자 사이의 창조적 긴장을 이완시킴으로써 결국 나 자신이 '남들처럼' 될 수 있다는 가능성을 부정하는 결과를 초래한다. 타자의 자유는 이미 어떤 형태로 존재하는 나를 동요시켜 자기 변용이나 자기 초월을 촉발·도발하는 것으로서 없어서는 안 되는 것이다. 삶의 고정화를 거부하는 상호 교란의 계기, 즉 '아고니즘(agonism)'의 계기를 중시하는 이러한 관점은 니체에서 코널리로 이어지는 사상적 계보에서도 발견된다. 이들은 누구나 갖고 있는 '남들처럼'이라는 비결정성을 서로 촉발하는 창조적 긴장이 타자의 자유를 옹호하는 것에 의해 비로소 가능하다고 보는 것이다.

그렇지만 이 경우, 타자에 의한 내 자유의 촉발·도발과 타자에 의한 내 자유의 침해·부정 사이에 명확한 선을 그을 수는 없으며, 타자와 나 사이의 대립·긴장이 첨예해질수록 나는 타자의 자유를 존중할 수 없게 될지도 모른다. 그럴수록 더욱 자신이 수용할 수 없다고 느끼는 가치를 추구하는 타자의 자유가 옹호되어야만 한다면 과연 그 이유는 무엇일까.

타자의 자유를 옹호해야 하는 마지막 이유는, 타자와 그 / 그녀에 의해 살아갈 수 있는 '세계'는 유일한 것이며, 또 그 세계는 우리가 공유하는 세계에서 없어서는 안 될 것이기 때문이다. 이때 타자의 자유는 나에게 자기 변용이나 자기 초월을 촉구한다는 이유로서만 긍정될 수 있는 것이 아니다. 타자의 자유를 자신에 대한 촉발·도발로 수용할 수 있느냐 없느냐 하는 현재의 나 자신의 척도는 가장 중요한 것이 아니기 때문이다.

아렌트가 복수성을 인간의 가장 근본적인 조건으로 파악했을 때, 그녀는 단순히 가치의 다원성 일반을 옹호하려 했던 것이 아니다. 그녀가 말하는 복수성이란 개개인이 어느 누구와도 — 과거·현재·미래의 누구와도 — 다른 유일한 존재자라는 것을 함의한다. 그녀가 강조한 것은 개개인이 이 세상에 태어날 때마다 제 각각의 새로운 '세계'가 우리가 공유하는 세계('공통세계')에 더해진다는 것이다. 공간적 차원에서의 복수성이 시간적 차원에서 '출생(natality)'으로 표현되는 것은 바로 이 때문이다〔'죽음'을 '개체화의 원리'로 삼은 하이데거와 달리 아렌트가 '출생'을 '자유의 원리'로 내세울 때, 그녀의 관심은 자신의 삶보다 오히려 타자의 삶 — 적어도 세계의 삶의 래디컬(radical)한 복수성 — 에 있는 것으로 생각된다〕.[8]

자유란 인간이 소유하는 것이 아니다. 인간, 좀 더 적절히 말하자면, 〔공통〕세계 속에 인간이 도래하는 것, 이에 따라 자유는 우주 속에 현현된다. 즉, 인간이 자유로운 것은 인간이 시초이기 때문이며, 처음 우주가 출현한 이래 그렇게 창조되었기 때문이다. '시작이 존재하기 위해 인간은 창조되었다. 이 시작 이전에는 아무 것도 없었다'(아우구스티누스). 인간이 한 사람 한 사람 탄생할 때마다 그 최초의 시작은 재차 확증된다. 왜냐하면 그때마다 이미 존재하며 각자의 사후에도 존속하는 세계에 새로운 무언가가 생겨나기 때문이다. 인간은 그 자신이 시초이므로 시작일 수 있다. 인간이라는 것과 자유롭다는 것은 완전히 동일한 것이다.[9]

지금껏 존재한 적이 없었다는 의미에서 개개인은 새로운 '시작(beginning)'이며 자유로운 존재다. 그 / 그녀는 우리 '사이'에 태어난 것이며, 그 자유=시작은 우리 세계의 — 사물의 자동적 진행(automatism)을 방해하는 — 은혜다. 그러한 자유는 그 자신의 언어와 행위로 현현됨으로써 다른 사람들이 보고 들을 수 있는 정치적인 존재가 된다. 아렌트에게 있어서 정치적으로 현현된다는 것은, "언어와 행위에 의해 스스로 자기 자신을 인간 세계로 들이는 것이며 …… 이것은 제2의 탄생과 같은 것"[10]이다. 타자의 현현이 성립되는 것은 그것을 현현으로 수용하는 것을 회피하게 한 우리의 '표상' 기제가 풀어졌을 때이며, 이처럼 정치

적 존재자로서의 '제2의 탄생'은 그때마다 반복되는 사건이다.[11]

타자가 그의 언어와 행위의 자유를 빼앗기면 안 되는 이유는 그러한 정치적 자유가 박탈되면 우리 '사이'에서 하나의 '세계'가 사라지게 되기 때문이다. 아렌트의 이해에서 타자의 자유를 옹호해야만 하는 가장 중요한 이유는 누구나 각자 '남과 다른' 자유를 누리고 또 누리려 하기 때문이다. 여기에 비하면 그 자유가 이 나에게 기쁨을 줄 것인지 아닌지, 이 나를 촉발·도발할 것인지 아닌지의 문제는 이차적인 사항에 지나지 않는다. 만약 어떤 타자의 자유가 자신에게 수용하기 힘든 것이거나 애초에 자신과 상관없는 것이었을지라도, 그것이 또 다른 누군가 — 불특정 다수 — 에게는 소중한 것일지도 모른다. 여기서 타자의 자유는 나 자신의 이해 관심을 초월하여 사람들이 공유하고 관심을 기울이는 '세계의 자유'라는 관점에서 옹호된다(내가 사라진 이후에도 세계는 사람들 '사이'에 존속하고 또 거기에 새로운 '시작'=자유를 맞아들인다).

아렌트에게 있어서 개인의 존재 그 자체가 '시작' — '창시(initium)' — 인 것으로서의 긍정은 각 개인에게 있어서도 '시작'의 긍정으로 이어진다. 앞에서 보았듯이 자기는 단순한 동일성의 반복이 아니라, 타자와의 관계(間-人格的)에 있어서의 행위나 개인의 내적(內-人格的) 사고에서의 '운동의 자유'를 내포한다. "현재의 존재와 다른 방식으로도 존재할 수 있다"[12]라는 우연성은 '인간적 사상(事象)의 영역'에서 제거할 수도 없고 또 제거해서도 안 되는 고유한 특성인 것이다.

3. 타자의 자유에 대한 책임

마지막으로 타자의 자유를 어떻게 옹호해야 하는가에 대해 재고찰하고자 한다. 앞에서 거론한 공약적 차원과 비공약적 차원의 구별을 이용한다면, 자유의 공약적 차원에서는 나와 타자가 대칭적이므로, 내가 향유할 수 있는 기본적 자유를 타자도 향유할 수 있게 하는 것이 타자의 자유를 옹호하는 나의 책임이다. 반면에 자유의 비공약적 차원에서는 나와 타자가 비대칭적이므로, 나와 다른 가치를 추구하는 타자의 자유를 나의 가치(선한 삶의 구상)로 제약하지 않는 것이 타자의 자유를 옹호하는 나의 책임이다.

먼저 공약적 차원에서 나와 타자가 대칭적이라는 것은 나와 타자는 동일한 가치를 필요로 하는 존재자로서, 우리가 공공의 논의를 통해 누구나 향유해야만 할 것으로 정의 / 재정의한 기본적 자유는 나와 대립·경합하는 가치를 추구하는 타자에게도 향유되어야 한다는 것이다. 어떤 사람들은 다양한 사정들로 인해 그런 자유를 향유할 수 없는 상태에 놓인 경우도 있다. 그럴 경우 타자의 자유를 옹호하기 위해서 공공제도를 통해 나의 자원을 그 타자에게로 이전시킬 것이 요구되는데, 이것은 나에게 현재의 자원으로 향유할 수 있는 자유의 일부를 잃을 수밖에 없다는 것을 의미한다.

노직(Robert Nozick)은 개인 삶의 '자기 목적성'을 중시했는데, 요컨대 자기의 의사와 상관없이 자기의 자원이 타자에게 이전되는 것을 자유를 옹호한다는 명목하에 거부했다. 그의 논리에 따르면, 타자에게 자원이 이전되는 것은 자신의 삶이 타자로 인해 목적이 아닌 수단으로 취급되는 것을 의미하기 때문이다.[13] 그러나 내가 향유하는 기본적 자유가 훼손되지 않는 한 자원을 타자에게 이전하는 것을 타자의 기본적 자유의 향유 때문에 나의 자유가 부당하게 제약되었다고 말할 수는 없다. 그때 타자에게 이전되는 것은 어디까지나 내 자원의 일부일 뿐, 그로 인해 나의 삶이 타자의 수단으로 취급되는 것은 아니다. 그러한 자원 이전에 의해 내가 (앞으로) 향유할 수 있는 자유가 제약당할 수도 있겠지만, 나 자신의 가치(선한 삶의 구상)를 추구하기 위해 소용되는 자원은 한정되어 있는 것이다. 사람들이 소유할 수 있는 자원과 그 자원을 이용함으로써 현실적으로 향유할 수 있는 자유 사이에는 단순한 상관관계가 존재하지 않는다.

관점을 바꾸어 말하면, 타자의 기본적 자유에 대한 요구를 정당한 것으로 인정하는 한 나는 타자가 실제로 향유하고 있는 기본적 자유를 훼손하는 방법으로 자신의 자유를 추구해서는 안 된다. 누구나 향유해야 할 것으로 간주된 자유를 실제로 타자가 향유하고 있을 때, 그 자유를 제약하려는 사람은 그것을 정당화할 수 있는 — 제법 특별한 — 이유를 댈 수 있어야만 한다. 그러나 과연 그 이유를 드는 것이 가능할까. 왜냐하면 그 이유라는 것은 내가 반대하는 입장일수록, 예컨대 내일 먹을 것이 없다거나 제대로 이동할 수 없는 상태에 놓일수록 그것은 보다 정당한 것으로 인정될 수 있는 공공적인 것이어야만 하기 때문이다.

어느 누구도 그것을 의도했다고는 말할 수 없지만, 현재 이 사회에는 어떤 사람들이 실제로 향유하고 있는 기본적 자유가 다른 사람이 그 자유를 초월한 자유를 추구함으로써 박탈당하는 사태가 발생하고 있다. 자유라는 명목하에 부정되는 것은 '결과의 평등'이 아니라 그 누구에게도 빼앗겨서는 안 되는 자유의 향유다. 자신의 기본적 자유의 향유 또한 정당한 것으로 인정한다면, 소유와 교환의 자유는 타자의 기본적 자유에 대한 제약을 정당화할 수 있는 선험적(a priori)인 이유가 될 수 없다는 것을 이해할 필요가 있을 것이다〔이런 점에서 '권리(entitlement)' — 타자 / 사회가 정당한 것으로 승인한 자원에 대한 접근의 권리나 기회 — 의 하위 개념으로서 소유나 교환을 상대화한 센의 논의는 시사적이다〕.[14]

한편 자유의 비공약적 차원에서는 나와 타자가 서로 교체되거나 대리·대표될 수 없는 삶을 영위하고자 한다는 점에서 비대칭적이다. 이 차원에서 타자의 자유를 옹호하기 위해 나에게 요구되는 것은 타자가 추구하는 가치와 내가 추구하는 가치가 일치하지 않고 타자의 삶의 방식이 나의 감정 혹은 효용을 해쳤다는 이유로 타자의 자유를 침해하지 않는 것이다. 나는 스스로 타당하다고 생각하는 가치 — 종교적 신념, 성도덕, 탁월함이나 완성에 관한 관념, 혹은 정치적 신념 등 — 를 타자에게 강제해서는 안 된다는 소극적 의무를 인정하는 것이 타자의 자유를 옹호하는 가장 중요한 나의 책임이다.

비공약적 차원에서의 또 다른 책임은 어떤 사람들이 향유하는 자유를 다른 사람들이 — 자신의 자유가 부정당하는 위협에 노출되어 있지 않음에도 불구하고 – 부인하려는 경우 그 세력의 대두를 저지해야 한다는 데 있다. 예를 들어, 자신이 신봉하는 종교를 국교 내지 시민종교로 제도화하려는 종파 혹은 동성애나 동성애자의 혼인을 법으로 금지하려는 사람들로 인해 실제로 종교의 자유와 성적 자유를 위협받는 경우가 있다. 여기서 타자의 자유를 제약하려는 사람들이 그것을 정당화할 수 있는 공공적 이유를 갖추고 있지 않다는 것은 새삼 지적할 필요가 없을 것이다. 만약 입장을 바꾸어 자신의 종교의 자유나 성적 자유가 타자에 의해 위협당한다면, 그 / 그녀들은 자신의 자유가 제약·박탈당하는 사실을 정당한 것으로 수용할 수 없을 것이기 때문이다.

그러나 현실적으로 다수를 점하고 있는 사람들은 결코 자신의 입장이 소수의 의견으로 바뀌는 일은 없을 것이라고 확신하기에 소수의 자유를 부정하려 한다고 볼 수 있다. 이런 경우 내가 향유하는 각각의 자유에 직접적인 영향이 미치지 않는다 – 앞의 예를 들어 말하자면, 내가 무종교이고 이성애자인 경우 – 해도 다수에 의한 법 개정 내지 고정화를 허용하지 않기 위해 그런 세력이 압도적인 힘(더 정확히 말하면, 정치적 의사 결정에서 다수를 차지하고 있을 뿐인 세력)을 얻는 것을 막는 것이 타자의 자유를 옹호하는 나의 책임 중의 하나일 것이다. 왜냐하면 소수의 자유를 부정하는 것은 자신의 가치(선한 삶의 구상)로 타자를 지배하려는 것이며, 가령 그것이 합법적인 절차를 거쳐 달성된 것일지라도 여전히 부당한 것으로 간주되기 때문이다. 자기 눈앞의 이해(利害)보다 '세계의 자유'에 관심을 갖는 한 다수파의 압력에 대항하여 소수파의 자유를 옹호하는 일은 나의 책임이다〔이것은 타자에게 비관용적인 사람을 얼마나 관용적으로 대해야 하는가에 대한 정치이론에서 자주 논의된 사항이기도 하다. 정교(政敎) 분리의 규정을 필두로 한 관용의 제도 그 자체가 위협받지 않는 한 타자의 자유에 대해 비관용적인 사람도 관용으로 대해야 한다는 것이 그에 대한 정설(orthodox)이자 또 정당한 답변이라고 생각한다〕.[15]

결론을 대신하여

우리가 살아가는 사회에서 우리의 자유의 폭은 더욱 축소되었다. 이 사회는 모든 가치를 긍정하지도 않을 뿐만 아니라 모든 가치를 동등하게 평가하지도 않는다. 이 사회의 가치 편성은 역사적 우연성을 지니고 있으며, 또 이 사회의 가치 편성과 거기에 사는 개개인의 능력이나 자질의 적합·부적합 또한 우연적인 것이다. 과거 사회에서 크게 평가되었던 가치 — 가령, 주술사나 전사(戰士) 혹은 수도사의 삶의 방식으로 체현되는 가치 — 가 현대 사회에서는 일반적으로 높은 평가를 받지 못하며, 또 미래 사회에서는 오히려 부정적으로 평가될지도 모르는 가치 — 가령, 자연이나 타자로부터 많은 자원을 수탈하는 삶의 방식으로 체현되는 가치 — 에 현대 사회는 높은 평가를 부여한다. 또 현대 사회가 종종 높이 평가하는 일군의 가치에 적합한 능력이나 자질을 갖추고 태어나는 사람과 그렇지 않은 사람이 있다. 현대 사회가 긍정하는 가치에 적합한 신체·자질을 갖춘 사람은 곧 이중의 우연성을 갖춘 것이라고 할 수 있으므로, 현대 사회에서는 그렇지 않은 사람에 비해 비교적 더 많은 자유를 누릴 수 있을 것이다.

이런 이중의 우연성을 완전히 폐기하는 것은 불가능하겠지만, 우리의 자원을 사회적으로 이전함으로써 이러한 우연성에 따른 행·불행을 어느 정도까지는 보충할 수가 있을 것이다. 어떤 사회 — 가령, 그것이 '정의로운 사회'일지라도 — 도 그 사회에 내재한 가치 편성의 우연성을 완전히 불식할 수는 없지만, 본인에게 책임을 돌릴 수 없는 그러한 우연성 때문에 사람들이 향유하는 자유에 격차가 생긴다는 사실은 인정하지 않을 수 없다. 그러나 우리는 우리의 손으로 시정할 수 있는 우연성을 이제 단순한 우연성이라고 하지 않는다는 것 또한 분명하다.[1] 남성 중심 사회에서 여성으로 태어났다는 이유로 남성이 향유할 수 있는 자유를 여성들이 누릴 수 없다는 사실, 그리고 카스트제도 또는 그와 유사한 제도를 갖고 있는 사회의 저변에서 태어났다는 이유로 다양한 선택의 여지를 누릴 수 없는 삶을 살아가야 한다는 사실에 대해 우리는 그것을 '불행'이라고 말하지 않는다. 오히려 시정될 수 있음에도 불구하고 시정되지 않는 우연성으로 인해 생긴 자유의 제약이나 박탈을 우리는 부정의라고 말한다.

현재 우리의 자유 개념이 갖고 있는 이해(利害)나 가치의 폭은 매우 협소하다. 더욱이 우리가 '달성·향유해야 할 것으로 적합하다고 판단한 것'이 결코 우리 자신에게 자명하게 주어져 있는 것도 아니다. 이런 점에서 밀 이래의 리버럴리즘 사상이 자주 사용해온 '삶의 계획(plan of life)'이라는 표현은 오해의 여지가 있다. 롤스의 '선한 삶'이라는 용어를 이용해 표현하자면, 그것은 자신의 '삶의 계획'을 순조롭게 달성하는 것만을 가리키는 것이 아니다. 무엇을 달성·향유해야 할 것으로 적합하게 생각할 것인가에 대해 우리는 항상 — 적어도 잠재적으로는 — 동요하며, 또 그것이 결코 우리의 '삶의 계획'을 명백하게 하는 조건도 아니다. 그러한 동요는 '실제로 존재하는 것과 다른 상태로 존재할 수도 있다는' 자유의 원천이므로, 오히려 흔들림 없는 확신이나 아이덴티티야말로 우리의 자유에 대한 위협이 되는 것이다. 우리에게 '삶의 선(善)'이란 오히려 이러한 동요(운동)가 자신과 타자에 의해서조차 부정될 수 없다는 데 있다.

자유를 주권성과 동등한 것으로 묶는 '주권적 자유'는 바로 그러한 동요를 근저에서 배제하고자 한 것이었다. 자유가 각 개인에게 배타적으로 귀속할 뿐만 아니라 우리 '사이'에서 향유되는 것으로 표현될 수 있다면, 우리의 상호 교섭 속에서 서로의 동요(운동)를 환기하는 것은 자유의 부정을 의미하는 것이 아니다. 우리 모두가 함께 자유를 누리기 위해 거부해야 할 것은 타자에 의한 간섭 일반이 아니라, 오히려 사람들 사이의 교섭을 미리 불필요한 것, 위험한 것, 그리고 처음부터 불가능한 것으로 간주하는 사상과 행동이다. 우리의 '사이'를 좁게 축소시킴으로써 그 '사이'를 제거하려는 모든 세력에 저항한다 하더라도 과연 우리는 얼마나 자유로울 수 있을까.

기본문헌 안내

동서고금을 막론하고 자유를 논한 저서는 양적으로도 엄청나기 때문에 근현대의 주요 저서로만 한정해도 주어진 지면에 전부를 소개할 수 없다. 여기서는 이 책을 집필하는 과정에서 시사점을 얻은 텍스트와 본론에서 거론하지 않은 주요 저작의 일부, 그리고 좁은 식견이나마 근래의 자유론 중에서 특히 관심을 불러일으킨 것으로 압축하여 간략한 설명과 함께 소개하고자 한다.

이사야 벌린(Isaiah Berlin)의 『자유론(On Liberty)』은 후대의 자유론에 막대한 영향을 주었다는 점과 가치일원론에 대해 철저하게 비판했다는 점에서 현재의 자유에 대한 고찰에서 가장 중요한 텍스트다. 소극적 자유와 적극적 자유라는 두 개념에 대한 논쟁에 대해서는 세키구치 마사시(關口正司)의 「두 개의 자유 개념

(二つの自由概念)」(≪西南學院大學法學論集≫ 第24巻 第1·3号, 1991·1992)이 진지하게 추적하면서 그 논점을 밝혀낸 바 있다. 벌린의 자유론에 대해서는 쓰쓰미바야시 겐(堤林劍)의 「자유의 패러독스(自由のパラドックス)」(≪思想≫ 883号, 1998)도 참조할 것. 존 스튜어트 밀(J. S. Mill)의 『자유론(On Liberty)』 역시 여전히 퇴색되지 않은 실재성을 갖추고 있다. 이 책은 '사회적 전제(專制)'에 대한 비판과 '위해 원리'를 제창한 것으로 잘 알려져 있는데, 그 밖에 개성의 자기주장(가치의 다원화)에 대한 옹호와 보편적 문명에 대한 지향이 어떤 긴장관계에 있는지에 대한 물음도 이 책의 중요한 내용이다.

한나 아렌트(Hannah Arendt)의 「자유란 무엇인가(What is freedom)」도 자유에 관한 고찰에서 가장 매력적인 텍스트 중의 하나다. 자유를 비정치적 자유로 환원하는 모든 사고에 대한 비판, 자유와 주권성을 동일시하는 것에 대한 비판, 사태의 자동적 연쇄를 차단하는 '시작'으로서의 자유에 대한 옹호 등은 이 책을 집필할 때 많은 도움을 받았다. 미셸 푸코(Michel Foucault)가 자유와 권력을 상호 배타적으로 보지 않는 관점을 전개한 것은 주지의 사실이다. 자유에 관한 푸코의 논의는 여러 텍스트에 걸쳐 전개되었지만, 우선 『성의 역사 I: 앎의 의지(Histoire de la sexualite: La volonte de savoir)』를 거론하고 싶다. 푸코의 자유와 권력관계에 대해서는 스기타 아쓰시(杉田敦)의 『권력(權力)』(岩波書房, 2000)에서 대략의 요약된 설명을 제공하고 있다.

아마티아 센(Amartya Sen)의 『불평등의 재검토: 잠재능력과 자유(Inequality Reexamined)』와 『자유를 확장한 개발(Development as Freedom)』은 '자유의 수단'이 아니라 '자유의 범위' 그 자체를 비교·평가할 수 있는 관점을 제시했다는 점에서 현대의 자유론에 매우 중요한 공헌을 했다. 이러한 자유관을 지지하는 경제·사회이론에 대해서는 와카마쓰 요시키(若松良樹)의 『센의 정의론: 효용과 권리 사이에서(センの正義論: 效用と權利の間で)』(頸草書房, 2003)와 스즈키 고타로·고토우 레이코(鈴木興太郎·後藤玲子)의 『아마티아 센: 경제학과 윤리학(アマルティア·セン: 經濟學と倫理學)』(實務出版, 2001)을 참조할 수 있다.

이 책에서는 상세하게 참조하지 않았지만, 자유를 간섭 없는 강제의 부재로 정의한 접근을 비판적으로 검토하기 위해서는 윌리엄 E. 코널리(William E. Connolly)의 『정치적 언설 용어(The Terms of Political Discourse)』(Blackwell, 1983)의 제4장 「자유의 관념」에 잘 정리되어 있어서 도움을 받을 수 있다. 자기 내부의 '차이'를 '타자성'으로 추방하는 아이덴티티의 기제를 비판한 그의 『아이덴티티 / 차이: 타자성의 정치(Identity / Difference: Democratic Negotiations of Political Paradox)』(Cornell University Press, 1991) 또한 자유를 주권성과 동일시하는 사고방식을 문제 삼을 때 많은 참고가 된다.

이노우에 다쓰오(井上達夫)의 『타자에 대한 자유: 공공성의 철학으로서의 리버럴리즘(他者への自由: 公共性の哲學としてのリベラリズム)』(創文社, 1999)은 자유의 자기중심성이 어떻게 제약받는지에 대한 물음을 주제로 삼고 있다. 이노우에는 타자가 나에게 던져준 '교란성(攪亂性)'을 적극적으로 긍정하고, '타자의 그 타자성을 존중함과 동시에 타자와 융합하지 않고 오히려 타자를 자기 수용의 촉매로 수용하는 절도와 도량을 갖춘 자유'를 '타자에 대한 자유'로서 옹호한다. 그의 「7일간의 강의: 자유의 질서(講義の七日間: 自由の秩序)」(井上達夫 編, 『自由·權力·ユートピア』, 岩波書店, 1998)는 자유가 옹호될 수 있는 질서를 "국가·시장·공동체의 경합하는 질서 형성의 원리가 서로 억압하고 제약하면서 균형을 꾀한다"는 것에서 발견하려 한다.

기타다 아키히로(北田曉大)의 『책임과 정의: 리버럴리즘의 거처(責任と正義: リベラリズムの居場所)』(勁草書房, 2003)는 새로운 — 강력한 — 책임 개념과 '레디컬한 재분배적 정치체제'를 옹호하

는 리버럴리즘의 개념을 제시하는 등 매우 의욕적이고 설득력 있는 논의를 펼치고 있다.

제1부에서는 근대 사상가들이 무엇을 '자유에 대한 위협'으로 간주해왔는지를 다루었는데, 여기서 경제사상사의 자유관과 프루동(Pierre Joseph Proudhon), 바쿠닌(Mikhail Aleksandrovich Bakunin) 등 아나키즘의 자유관에 대해서는 언급하지 못했다. 애덤 스미스(Adam Smith)부터 통화주의에 이르는 경제학자가 시장과 자유의 관계 또는 시장에서의 자유의 문제를 어떻게 다루었는가에 대해서는, 마미야 요스케(間宮陽介)의 『시장사회의 사상사: '자유'를 어떻게 해석할까(市長社會の思想史: '自由'をどのように解釋するか)』(中央新書, 1999)가 적절한 관점을 제공해주고 있다. 블랑(Louis Blanc), 푸리에(Charles Fourier), 프루동 등 19세기 후반 프랑스의 초기 사회주의에 대해서는, 산업화와 자유가 어떻게 양립했는가를 고찰하면서 사회주의자들에게 있어서도 자유의 문제가 결코 주변적이지 않았다는 점을 언급한 모리 마사토시(森政稔)의 「산업화와 자유, 그리고 연대(產業化と自由, そして連帶: 初期社會主義思想からみた自由と自由主義)」(佐々木毅 編, 『自由と自由主義』, 東京大學出版會, 1995)를 참조했다(모리 마사토시의 아나키즘적 자유관에 대한 논고 또한 훌륭하다). 아나키즘 사상은 국

가를 포함한 모든 권력·권위에 의한 지배를 폐기하고자 한다는 점에서 철저할 뿐만 아니라 상호 부조를 통해 서로의 기본적 자유를 보장하는 관계성 등 대안적인 질서 구상을 풍부하게 포함하고 있다. 18세기 말 『정치적 정의(Political Justice)』를 저술한 영국의 윌리엄 고드윈(William Godwin)과 프루동, 바쿠닌, 그리고 크로포트킨(Pyotr Alekseevich Kropotkin) 등 19세기부터 20세기 초에 걸친 러시아 아나키즘 사상은 그 후에 미친 영향에서도 특히 중요하다. 오스기 사카에(大杉榮), 이시카와 다쿠보쿠(石川啄木) 등은 이들의 사상을 진지하게 받아들이면서 대안적 질서를 대담하게 구상했다. 오스기 사카에의 자유관에 대해서는 가마타 사토시(鎌田慧)의 『오스기 사카에, 자유에의 질주(大杉榮, 自由への疾走)』(岩波現代文庫, 2003)와 우매모리 나오유키(梅森直之)의 「호령과 연설과 아나키즘: 오스기 사카에에게 있어서의 「말더듬이」의 문제(号令と演説とアナーキズム: 大杉榮における「吃音」の問題)」(≪初期社會主義研究≫ 11号, 不二出版, 1998)를 참조했다.

이 책에서는 장 폴 사르트르(Jean-Paul Sartre) 등의 실존주의 사상의 자유관에 대해서도 언급하지 못했다. "인간은 자유라는 형벌을 받고 있다"라는 사르트르의 유명한 말은 '인간은 어디에도 의지할 곳이 없으며, 어떤 도움도 없이 지속적으로 인간을 창조하는 형벌을 받고 있다'라는 말로 바꿀 수 있는데〔『실존주의란 무엇인가: 실존주의는 휴머니즘이다(L'Existentialisme est un humanisme)』〕, 이것은 인간이란 소여된 존재가 아니라 그때그때의 선택 행위를 통해 자신을 (재)창조해나갈 수밖에 없는 자기 자신의 고독한 작가라는 사상을 표현한 말이다. 이러한 자유관을 키르케고르(Søren Aabye Kierkegaard)의 '신앙에의 도약'에 견주어 '행위에의 도약'으로 표현한 아렌트의 비평 『최근 유럽철학사상에서의 정치에 대한 관심(Concern with Politics in Recent European Philosophical Thought)』도 참조했다.

에리히 프롬(Erich Fromm)의 『자유로부터의 도피(Escape from Freedom)』는 나치즘의 대두를 염두에 두면서, 고립과 고독 속에서 '자유'를 견디지 못하는 '근대인의 성격 구조'로 인해 권위에 대한 자발적인 복종과 동조가 초래될 수 있다는 점을 분석한 책이다. 불안이 팽배한 사회에서 안전 / 안심에 대해 갈망하는 것이 바로 '자유로부터의 도피'라고 한 프롬의 시선은 현대 사회의 포퓰리즘 동향을 이해하는 데도 참고가 될 것이다. 프롬의 사유관에 대해서는 오카자키 세이키(岡崎晴輝)의 『서로 주는 데모크라시: 호네트에서 프롬까지(与えあいのデモクラシー: ホネットからフロムへ)』(頸草書房, 2004)를 참조했다.

칼 포퍼(Karl Raimund Popper)의 『열린사회와 그 적들(The Open Society and Its Enemies)』은 자유민주주의와 거기에서의 점진적 사회 개량을 옹호하는 입장에서 자연 또는 역사의 법칙을 사회 질서법과 연결한 플라톤, 헤겔, 마르크스 등의 사고에 철저한(난폭하다면 난폭한) 비판을 가한 고전적 작품이지만, 필연성을 파악하는 것이야말로 자유라는 사고방식을 해독하는 데는 충분한 효능을 갖추지 못했다.

국가의 활동 영역을 최소한으로 억제하고자 한 리버테리어니즘(libertarianism)의 자유 개념은 프리드리히 하이에크(Friedrich A. Hayek)와 로버트 노직(Robert Nozick)의 고전적 저작인 『노예의 길: 전체주의와 자유(The Road to Serfdom)』, 『아나키·국가·유토피아: 국가의 정당성과 그 한계(Anarchy, State, and Utopia)』와 모리무라 스스무(森村進)의 『자유는 어디까지 가능한가: 리버테리어니즘 입문(自由はどこまで可能か: リバタリアニズム入門)』(講談社現代新書, 講談社, 2001) 등을 참조했다. 밀턴 프리드먼(Milton Friedman)의 『선택의 자유: 자립사회에 대한 도전(Free to Choose)』에서는 실제로 로널드 레이건이나 마거릿 대처의 정책에도 영향을 미친 현대 신자유주의의 기본적인 주장을 간취할 수 있다. 그러나 본론에서도 시사했듯이, 왜 사적 소유 일반이 타자의 모든 자유의 요구를 거부할 수 있는 선험적인 비장의 카드가 될 수 있는지에 대해서는 설득력 있는 이유를 제시하지 못했다고 생각한다. 사적 소유를 탈-신화화해서 생각하기 위해서는, 오바 다케시(大庭健)의 『소유라는 신화: 시장경제의 윤리학(所有という神話: 市場経済の倫理學)』(岩波書店, 2004)이 도움이 된다. 하이에크의 자유관에 대해서는 하시모토 쓰토무(橋本努)의 『자유의 논법: 포퍼·미제스·하이에크(自由の論法: ポパー·ミーゼス·ハイエク)』(創文社, 1994)와 와타나베 미키오(渡辺幹雄)의 『하이에크와 현대 자유주의: '반합리주의적 자유주의'의 양상(ハイエクと現代リベラリズム:「アンチ合理合主義的リベラリズム」の諸相)』(春秋社, 2006) 등의 훌륭한 연구들이 있다. 또한 노직의 논의와 근대 리버럴리즘의 논점을 밝히면서 '최소 복지국가'를 옹호한 이나바 신이치로(稲葉振一郎)의 『리버럴리즘의 존재증명(リベラリズムの存在證明)』(紀伊國屋書店, 1999)도 시사적이다.

현대 공화주의 자유관의 연구로 유익한 저서는 퀸틴 스키너(Quentin Skinner)의 『자유주의에 앞선 자유(Liberty before Liberalism)』와 필립 페팃(Philip Pettit)의 『공화주의: 자유와 통치 이론(Republicanism: A Theory of Freedom and Government)』(Oxford University Press, 2000)이다. 이들에게는 공화주의의 전통이 그려온 자유관이야말로 서양 사상사의 주류를 이루어왔다는 자부심이 존재한다.

조지프 라즈(Joseph Raz)의 『자유의 도덕성(The Morality of Freedom)』(Clarendon Press, 1986)은 사람들의 '자율(autonomy)', 즉 자신의 선택을 반성적 평가(선택지의 질을 평가할 수 있는 판단)에 근거할 수 있는 능력을 자유를 위한 전제로 두고, 국가는 간섭하지 않는다는 소극적 의무를 넘어 개인의 '자율'을 위한 조건을 보장한다는 적극적 의무를 갖는다고 본다. 라즈의 논의는 가치 다원주의를 옹호하면서 바람직한 선택지를 확대해가는 것을 공공적 의무의 하나로 간주하는 '완벽주의(perfectionism)'의 입장을 취한다는 점에서는 독특하지만, 그 선택지의 옳고 그름을 누가 해석하느냐 하는 결정적인 부분에서는 여전히 애매하다.

신자유주의 사상과 행동이 정치나 사회의 존재 방식을 어떻게 변화시키며, 거기서 자유가 어떻게 변용되는지에 대해 현대의 통치-자기 통치의 특성을 밝히고자 한 니콜라스 로즈(Nikolas Rose)의 『자유의 권력(Power of freedom: Reframing Political Thought)』(Cambridge University Press, 1999)을 비롯하여, 특히 '법과 질서'에 대한 관심의 상승이라는 시점에서 현대의 권력관계에서의 자유의 변용을 날카롭게 분석한 사카이 다카시(酒井隆史)의 『자유론: 현재성의 계보학(自由論: 現在性の系譜學)』(青土社, 2001, 제1장), 그

리고 '시장의 사회적 심화(생명·신체·교육·군사 등 과거의 시장에서 친숙하지 않았던 영역에 대한 시장경제의 확장)'와 자기 책임의 이데올로기가 침투함에 따라 어떻게 자유가 축소되었는지를 고찰한 테사 모리스 스즈키(Tessa Morris Suzuki)의 『자유를 견디다(自由を耐え忍ぶ)』, 그리고 가치관의 공유를 요구하는 '규율 훈련형 권력'에서부터 다양한 가치관의 공존을 허용하는 '환경 관리형 권력'에 대한 통치 권력 모드의 변용이라는 관점에서 자유에 대한 현대의 상황을 다면적으로 조명한 아즈마 히로키(東浩紀)·오사와 마사치(大澤眞幸), 『자유를 생각한다: 9·11 이후의 현대사상(自由を考える: 9·11以降の現代思想)』(NHK出版, 2003) 등의 논고에서도 많은 것을 배웠다.

현재 현저히 후퇴하고 있는 사회보장을 옹호해야 하는 이유를 근본적으로 재고하는 일은 본론에서 언급했던 기본적 자유의 옹호에 결정적인 의미를 지닌다. 자유를 사회보장과의 관계라는 측면에서 이해하기 위해서는, 자유를 위한 복지국가의 역할을 재평가한 가나다 고이치(金田耕一)의 『현대복지국가와 자유: 포스트리버럴리즘의 전망(現代福祉國家と自由: ポスト·リベラリズムの展望)』(新評論, 2000), 그리고 "자유의 주장에는 오히려 분배가 옹호된다"라는 입장에서 '생산자에 의한 생산물 독점'을 근본적으로 비판한 다테이와 신야(立岩眞也)의 『자유의 평등: 간단하고 별난 모습의 세계(自由の平等: 簡單で別な姿の世界)』(岩波書店, 2004) 등이 유익하다. 다테이와의 논의는 자유란 그 무엇보다도 우선적으로 존재할 수 있는 자유 그 자체를 지적하고 있다. 이는 사회보장과 취업을 직접적으로 연결하는 근로복지 사상과는 다른 것으로서, 이른바 '노동하지 않는 자유'에도 그 여지를 부여한 '기초 소득'에 대한 구상은 특별히 검토할 만한 가치가 있는 내용과 매력을 갖추고 있다. '기초 소득'에 대해서는 토니 피츠패트릭(Tony Fitzpatrick)의 『자유와 보장: 기초소득 논쟁(Freedom and Security: Introduction to the Basic Income Debate)』과 야마모리 도루(山森亮)의 「연대·배제·정책구상: 기본소득을 둘러싸고(連帶·排除·政策構想: 基本所得を巡って)」(齋藤純一 編, 『福祉國家 / 社會的連帶の理由』, ミネルヴァ書房, 2004) 등에서 고찰한 바 있다.

리버럴리즘에 관해서는 방대한 연구가 축적되어 있어서 참조해야 할 문헌도 매우 많다. 후지와라 야스노부(藤原保信)의 『자유주의의 재검토(自由主義の再檢討)』(岩波新書, 1993)는 근대 자유주의의 구성 요소를 자본주의, 의회제 민주주의, 공리주의로 나누어 검토한 뒤, 자연과 타자의 관계성을 사상(捨象)시킨 추상적 자아를 자유의 주체로 자리매김한 가장 심도 있는 논고다. 그리고

‘새로운 자유주의(new liberalism)’의 사상적 의의에 대한 관심을 환기한 요시자키 쇼지(吉崎祥司)의 『리버럴리즘: <개인의 자유>의 기로(リベラリズム: <個の自由>の岐路)』(青木書店, 1998), 롤스(John Rawls), 드워킨(Ronald Dworkin) 등과 함께 현대 리버럴리즘의 핵심적 가치는 자유가 아닌 평등이라는 것을 강조한 켈리(P. J. Kelly)의 『리버럴리즘(Liberalism)』(Polity PRESS, 2004) 및 「리버럴리즘의 재정의(リベラリズムの再正義)」(≪思想≫ 965号, 2004)도 언급해두고 싶다.

일본 정치사상에서의 자유관을 이해하기 위해서는, 『고사기(古事記)』, 『일본서기(日本書記)』부터 근세 유교를 거쳐 후쿠자와 유키치(福澤諭吉)·나카에 초민(中江北民)에 이르는 사상을 통해 ‘자유’라는 용어가 어떻게 사용되었는지를 진지하게 추적한 미야무라 하루오(宮村治雄)의 『일본정치사상사: ‘자유’의 관념을 중심으로(日本政治思想史: 「自由」の觀念を軸にして)』(放送大學教育振興會, 2005)와, 메이지에서 쇼와에 걸친 자유주의 사상이 어떤 자유 개념에 주목했는가를 논한 이시다 다케시(石田雄)의 『일본의 정치와 언어(상): ‘자유’와 ‘복지’(日本の政治と言葉 上: 「自由」と「福祉」)』(東京大學出版會, 1989)가 유익하다.

마지막으로 정치사상사·정치이론의 영역에서 자유를 주제로

한 최근의 주요 논고를 살펴보면, 가토 다카시(加藤節)의 「정치와 자유: '정치적 자유'에 관한 한 개의 시론(政治と自由: '政治的自由'に關する一つの試論)」(≪思想≫ 803号, 1991), 마에다 야스히로(前田康博)의 「리버럴 모멘트(リベラル·モメント: 自在への途上の自由)」(『自由と自由主義: その政治思想的諸相』, 東京大學出版會, 1995), 가와데 요시에(川出良枝)의 「자유로운 것과 다원적인 것(自由であることと多元的であること)」(森政稔 外 編, 『ライブラリ相關社會科學 3 自由な社會の條件』, 新世社, 1996), 마쓰모토 레이지(松本礼二)의 「리버럴 데모크라시와 자유: 역사와 현재(リベラル·デモクラシと自由: 歴史と現在)」(樺山紘一 編, 『岩波講座 世界歴史 27』, 2000), 야마오카 류이치(山岡龍一)의 「정치적 자유(政治的自由)」(押村高·添谷育志 編, 『アクセス政治哲學』, 日本経濟評論社 2003), 오다가와 다이스케(小田川大典)의 「공화주의와 자유: 스키너, 페티트 또는 마지노선 멘털리티(共和主義と自由: スキナー, ペティット, あるいわマジノ線メンタリティ)」(≪岡山大學法學會雜誌≫ 第54卷 第4号, 2005) 등이 있다.

※ 본문에서 인용한 글은 일본어 해석이 있는 경우에는 해당 페이지를 표시했지만, 많은 부분에서 원문에 의거하여 바꾼 점에 대해 양해를 구한다.

지은이 후기

이 책은 문자 그대로 자유에 대한 시론이다. 자유를 둘러싼 문제는 터무니없이 깊고 넓으며, 또 현재까지의 고찰과 연구 축적도 엄청나다. 이 책에서는 자유 의지의 개념 등 원래 고찰의 대상이 아니었던 문제도 있고, 또 자유와 통치의 관계와 같이 심도 있게 검토할 수 없었던 문제도 많이 있다. 하지만 끝이 없는 문제는 어느 지점에서 마무리할 수밖에 없다. 이 모든 것은 또 다른 기회에 다시 한 번 파고들어 생각해보고 싶다.

자유는 고전적이면서도 지극히 현실적인 주제이기도 하고, 또 그 무게감 때문에 이 책의 집필을 받아들이는 데 망설이기도 했다. 그럼에도 이 과제를 받아들이기로 결심한 이유는, 먼저 자유라는 용어가 타자와의 교섭을 단절시킨다는 매우 결핍적인 의미로 사용되는 현 상황에 대한 위화감 때문이다. 또 다른 하나는 애매하고 융통성도 없지만 그렇다고 해서 버릴 수도 없는 매력을 가진 이 용어 속의 규범적 내용을 나름대로 한번 정리해보고 싶었기 때문이었다. 이러한 계기로 인해 이 책은 타자와의 관계나 교섭 속에서만 비로소 향유될 수 있다는 자유의 의미를 중시하면서, 자유라는 개념 장치로 어떤 규범적 분석이 가능한가를 시도해보았다.

이 책에서 말하는 자유의 의미를 고려하여 제목의 영문 표기는 'liberty'가 아닌 'freedom'을 택했다. 'liberty'에는 법에 의해 제도적으로 보장되는 기회 내지는 개개의 구체적인 장애의 부재라는 함의가 농후한데 비해, 'freedom'은 실제로 어떤 것을 달성·향유할 수 있다는 의미가 내포되어 있다는 점과, 이 책이 주목한 상호 행위와 사고에 있어서의 '운동의 자유(엘레우테리아)'라는 것을 좀 더 적절하게 전달할 수 있기 때문이다.

이 책이 자유라는 말이 지닌 규범적 내용을 얼마나 잘 밝혔는가에 대해서는 독자의 판단에 맡기고자 한다. 다만 한 가지만 덧붙이자면, 이 책은 한편으로는 타자와의 (제도로 매개된) 관계나 교섭 속에서 향유되는 자유를 중시함과 동시에, 타자와 그의 사정에 대한 관심 그리고 사람들 '사이'에 있는 세계에 대한 관심을 상실한 현대 사회에서 간취되는 경향을 가감 없이 언급했다. 나는 신변을 둘러싼 가혹한 환경하에서도 자신의 사적인 삶을 공적인 삶으로부터 분리해내는 것을 피하고, 자신의 이해에 직접적인 영향을 주지 않는 사항에도 관심을 갖고 나아가 나와 '상관없는' 일에도 관계하려는 많은 실천이 있다는 인식과 희망을 갖고 있는데, 이러한 자유의 실천이 현재 진행되고 있는 질서 재편의 영향을 피할 수 없다는 사실 또한 자명하다. 추상적인 낙관과 추상적인 비관은 시야를 흐리게 할 위험이 있다. 어떤 제도나 정책 또는 어떤 자원의 분배가 더 바람직한 자유의 향유 방식인가에 대해서는 정념과 정치의 관계 등 앞으로 또 다른 과제와 함께 더욱 구체적으로 연구해보고 싶다.

이 책의 집필 준비를 시작한 지도 벌써 3년 정도가 지났다. 그동안 자유에 관한 문헌 및 자료를 읽는 데 함께 하거나, 이 책의 초고를 비평해준 요코하마(横浜)국립대학과 와세다(早稲田)대학의 대학원생 및 학부생, 그리고 두 학교의 동료와 직원들의 협조와 배려에 감사를 드린다. 특히 집필에 앞서 유익한 말씀을 해주신 야자와 마사시(谷澤正嗣), 모리 다쓰야(森達也) 두 분과 미시마 겐이치(三島憲一)를 비롯한 사회문화윤리연구회의 여러 분께도 감사의 말씀을 드린다. 이와나미쇼텐(岩波書店)의 사카모토 마사카네(坂本政謙) 씨에게는 일전의 『민주적 공공성(公共性)』에 대해서도 신세를 졌다. 사카모토 씨의 신뢰와 격려가 역시 부담이 되는 만큼 또 매우 감사했다. 새삼스럽지만 진심으로 감사드린다.

그 외에도 이 책은 직간접적으로 많은 은혜를 입었다. 이 작은 책이 그런 은혜(자원의 이전)에 보답할 수 있기를, 그리고 자유를 둘러싼 일반의 사고와 논의에 조금이나마 기여할 수 있기를 바란다.

2005년 10월 30일

사이토 준이치

옮긴이 후기

2010년, 이명박 대통령은 광복절 경축사에서 '공정 사회(fair society)' 실현을 집권 후반기의 국정기조로 내세웠다. 한국의 대통령이 '공정 사회' 구현을 국정과제로 들고 나왔다는 사실은, 현재 한국이 공정하지 않은 사회라는 것을 반증한다. 그가 정의한 '공정 사회'란 "출발과 과정에서 공평한 기회를 주되, 결과에 대해서는 스스로 책임을 지는 사회"를 가리킨다. 이러한 '공정 사회'에 대한 정의는 특권과 반칙을 해소하고 출발과 과정에서 합리적인 경쟁규칙만 잘 이루어진다면 어떤 결과가 발생하더라도 문제 삼지 않는다는 시장경제적 자유주의의 공정이론과 정확히 일치한다. 여기에는 그 사회에 내재한 가치 편성의 우연성, 그리고 거기서 비롯되는 개인의 내적 제약(규율), 각 개인에게 귀속된 내적 자원의 양상 등의 환경적 요소와 역량은 고려되지 않는다. 따라서 이명박 대통령의 '공정 사회'가 "개인의 자유와 개성, 근면과 창의를 장려"한다는 이면에는 일상화된 자유경쟁 사회에서 보다 우월한 자원과 능력·자질을 소유한 사람만이 사회적 승자의 지위를 누릴 수 있다는 의미가 내포되어 있다.

최근 이른바 '정의론' 신드롬의 장본인이자 공동체주의자로 분류되는 마이클 샌델(Michael J. Sandel)은 자유주의가 경제성장을 핑계로 공정성을 앞세워 개인의 특수성을 배제한다는 사실을 지적하면서, 국가가 사회구성원들의 삶의 가치문제에 중립적이어야 한다는 자유주의적 태도를 적극적으로 비판한 바 있다. 이러한 자유주의적 태도는 효용의 총량과 성과만을 중요시하고 경제적 자유와 개인의 자유 간의 차이를 도외시할 뿐만 아니라, 개인의 선택과 행위에 대한 결과를 전적으로 개인의 책임으로만 돌림으로써 타자와 사회의 책임을 해소하는 것이다. 여기서 낡고 오래된 화두지만 여전히 공공의 문제로 유효한 생명력을 가진 자유와 평등의 문제가 도출된다. 요컨대 자유주의적 시장경제가 야기한 가장 큰 문제는 바로 불평등의 심화에 있는 것이다.

사회의 빈부격차가 커질수록 자유와 평등이 화두가 되기 마련이다. 근대의 자유주의적 시장경제는 많은 것을 이뤄왔지만 불평등이 확대되었다는 점에서 현재 자유와 평등의 문제는 전 세계적인 공적 토론의 장으로 확산되고 있다. 빈부격차는 사회적 유대는 물론 공익에도 해를 끼치기 때문이다. 이러한 문제점을 토대로 이 책은 현재의 신자유주의적 문맥에서 자유의 불평등한 분배 상황을 직시함으로써 '평등한 자유'의 존재방식과 그것을 사회적으로 보장할 수 있는 제도를 공공적으로 구상해야 할 시점을 제공하고 있다.

이 책의 저자인 사이토 준이치의 기본적인 관점은 개인의 선택의 자유를 중시하면서 그러한 사회적 환경(시장의 폐지가 아닌)을 제도적으로 보장해야 한다고 말한 롤스, 드워킨, 로에머, 스캔론, 센 등으로 대표되는 평등주의적 자유주의와 동궤에 있다고 할 수 있다. 평등주의적 자유주의자들은 사후 구제에 중점을 둔 복지국가론을 비판하면서 타자의 자원 이전을 통해 공정하고 실질적인 기회의 평등을 부여하여 개개인의 가치를 추구할 수 있는 삶의 전망을 구할 수 있는 조건을 국가가 보장해야 한다는 입장을 취한다. 즉, 이들은 개인의 역량이나 능력 또는 장애나 질병, 처해진 환경 등에서 발생하는 차이는 불평등한 것이므로 타자의 자원을 이전하거나 사회적 보완을 통해 기회비용을 동등하게 만드는 것에 중점을 둔다. 특히 사이토는 자유란 무엇인가를 개인의 문제로 환원하는 것에 대항하여 공공의 문제로 (재)인식할 것을 표명하고 있는데, 특히 불평등이 내재된 사회에서 개인의 선택이라는 것이 모두 자발적이라고 할 수는 없으며, 따라서 거기서 발생한 모든 결과에 대해 사회는 개인에게 책임을 물을 수 없다고 주장한다. 즉, 고용보장과 사회보장이 후퇴한 상황에서 자유의 문제는 개인의 문제로 환원될 것이 아니라 공공의 문제로 인식되어야 한다는 것이다.

이 책에서 사이토는 공정한 환경을 제도적으로 구축하기 위해서는 생활보장과 관련된 재화의 분배를 통해 모든 성원들이 자신의 삶 / 자신이 선택한 가치를 추구하는 전망을 개척할 수 있도록 해야 한다고 주장한다. 이는 공정하고 실질적인 기회의 평등에 대한 보장을 사회적·제도적으로 구축할 필요성을 제시함으로써 자유를 개인의 사적 영역에서 공공적 영역으로 이끌어내기 위한 시도이다. 이런 점에서 이 책의 문제의식은 앞서 출간된 『민주적 공공성』의 연장선상에 있다고 할 수 있다.

공공성이란 사람들 '사이'에 있는 공통의 문제나 사건에 대한 관심을 매개로 한 관계성을 가리키는데, 이는 타자의 자유

나아가 세계의 자유를 옹호하기 위해 반드시 필요한 '사유의 운동'을 구축하는 장이다. 달리 말하자면 '자기 선택'이나 '자기 결정'의 주체로 표상되는 자기 완결성 혹은 배타적 자기 지배라는 환상 그 자체에서 벗어나 타자와의 관계 '사이'에 존재하는 한, 자신은 언제나 타자에게 열려 있으며 그로 인해 자기 내부에도 자기가 지배할 수 없는 어떤 것이 존재한다는 사실을 받아들일 수 있다는 것이다.

1980년대 영국의 대처리즘과 미국의 레이거노믹스로 표명된 신자유주의 이래 평등은 정치적 이상들 가운데 가장 위협받는 종이 되었고 자유의 폭은 더욱 축소되었다. 평등의 위기 상황에서는 자유도 온전히 존재할 수 없다. 자유의 역사적 조건은 필연적으로 평등의 역사적 조건과 일치하기 때문이다. 발리바르가 자유와 평등은 상호 전제적이며 상호 강화적인 권리로서 최종적으로는 정치에 대한 보편적 권리를 의미한다고 단언한 것은 바로 이 때문이다.

사이토는 평등한 자유의 존재방식에 대한 끊임없는 탐구를 주장한다. 그는 사회적·경제적 불평등이 심화되고 있는 현실에서 평등하게 누릴 수 있는 자유와 그것을 위한 분배적 정의에 대한 우리의 이해와 실천을 요구하는 것이다. 현대 사회가 높이 평가하는 일군의 가치에 적합한 능력을 타고나는 것은 우연적인 것이며, 따라서 그러한 우연성으로 인해 발생한 부자유는 정의롭지 못한 것이다. 더욱이 우리가 달성해야 한다고 가정한 자유가 반드시 자명하게 주어져 있는 것도 아니다. 오히려 흔들림 없는 확신이 우리의 자유에 대한 최대 위협일 수 있는 것이다.

이 책의 번역은 김수영, 송미정, 이혜진의 공동 작업이며 번역된 원고를 서로 바꿔가면서 수정을 거듭했기에 오역이 있다면 옮긴이 모두에게 책임이 있다.

마지막으로 이 책을 번역하는 데 큰 도움을 주신 윤대석 선생님께 감사드린다. 또한 한국어 번역을 흔쾌히 승낙하시고 출판되기까지 여러 가지로 협조해주신 사이토 준이치 선생님께도 감사의 말씀을 전하고 싶다. 더불어 이 책을 출판할 수 있게 해주신 도서출판 한울에 감사드린다.

2011년 3월

옮긴이들을 대표하여

이혜진

미주

책을 시작하며

1 B. Disraeli, *Sybil*, 1845; 프리드리히 엥겔스, 『영국 노동자계급의 상태』(1845), 一條和生·杉山忠平 옮김, 岩波文庫 참조.

2 해롤드 J. 라스키, 『근대국가의 자유』(1930), 飯坂良明 옮김, 岩波文庫, p.219.

3 ≪朝日新聞≫, 2005.8.17. 朝刊.

4 한나 아렌트, 『정신의 생활(하)』, 佐藤和夫 옮김, 岩波書店, 1994, p.238.

5 G. A. Cohen, "Equality of What? On Welfare, Goods, and Capabilities," M. Nussbaum and A. Sen(eds.), *The Quality of Life*, Clarendon Press, 1993, pp.16~28.

제1장 자유에 대한 위협

1 이사야 벌린, 「서론」, 『자유론』, 小川晃一·小池銈 옮김, みすず書房, 1971, p.70. 강조는 인용자.

2 토머스 홉스, 『리바이어던 1』, 水田洋 옮김, 岩波文庫, p.208.

3 임마누엘 칸트, 「이론과 실천」, 『칸트 전집』 제14권, 北尾宏之 옮김, 岩波書店, 2000, pp.187~188.

4 A. 토크빌, 『미국의 민주주의』, 岩永健吉郎·松本礼二 옮김, 研究社, 1972, pp.208~209.

5 존 스튜어트 밀, 「자유론」, 『(세계의 명저 38) J. S. 밀』, 早坂忠 옮김, 中央公論社, 1967, p.219.

6 애덤 스미스, 『국부론 3』, 水田洋監·杉山忠平 옮김, 岩波文庫, p.339.

7 G. W. F. 헤겔, 『법철학(하)』, 上妻精·山田忠彰·佐藤康邦 옮김, 岩波書店, 2001, pp.359~370, 413~416 참조.

8 카를 마르크스, 「유태인 문제에 접하여」, 『마르크스 컬렉션 I』, 德永恂 옮김, 筑摩書房, 2005, pp.212~213.

9 카를 마르크스·프리드리히 엥겔스, 『공산당선언』, 大內兵衛·向坂逸郎 옮김, 岩波文庫, p.69.

10 J. A. Hobson, *Liberalism*, Oxford University Press, 1964, pp.97~98; 佐々木毅, 「二十世紀の自由主義 思想」, 『自由と自由主義: その政治思想的諸相』, 東京大學出版會, 1995, pp.337~344 참조.

11 T. H. Green, "Liberal Legislation and Freedom of Contract," R. L. Nettleship(ed.), *Works of T. H. Green*, vol.III, Longmans, Green and Co., 1891, pp.370~371.

12 주디스 슈클라, 「공포의 자유주의」, 大川正彦 옮김, ≪현대사상≫, vol.29-7, 2001, pp.136~137.

13 프리드리히 하이에크, 『복지국가의 자유: 자유의 조건 III』, 氣賀建三·古賀次郎 옮김, 春秋社, 1987, p.12.

14 예를 들면, 존 롤스, 『공정으로서의 정의』, 田中成明·龜本洋·平井亮輔 옮김, 岩波書店, 2004, p.95 참조.

15 丸山眞男, 「日本における自由意識の形成と特質」, 『丸山眞男集』 第3卷, 岩波書店, 1995, p.159.

16 중간단체의 구속으로부터 개인을 해방하는 것을 국가의 책무로 간주하고 '국가에 의한 자유'를 강조한 것에 대해서는, 桶口陽一, 『自由と國家:

いま<憲法>のもつ意味』, 岩波新書, 1989 참조.

17 中川かおり 外, 「美國愛國者法(反テロ法) 上」, ≪外國の立法≫ 214号, 2002 참조.

18 守中高明, 『法』, 岩波書店, 2005, pp.49~53 참조.

19 테사 모리스 스즈키, 『자유를 견디다』, 辛島理人 옮김, 岩波書店, 2004, pp.119~124 참조.

20 이반 일리이치, 『공존을 위한 도구』, 渡辺京二·渡辺梨佐 옮김, 日本エディタースクール出版部, 1989, pp.97~98.

21 지그문트 바우만, 『정치의 발견』, 中道壽一 옮김, 日本經濟評論社, 2002, pp.72~79.

22 위르겐 하버마스, 『사실성과 타당성』, 河上倫逸·耳野健二 옮김, 未來社, 2003, 제7·8장; Paul Hirst, *Associative Democracy: New Forms of Economic and Social Governance*, Polity Press, 1994 참조.

23 Robert D. Putnam, *Bowling Alone: The Collapse and Revival of American Community*, Simon & Schuster, 2000; 辻康夫, 「市民社會と小集團 1-3」, ≪北大法學論集≫ 第55卷 第1·3·6號, 2004.5 참조.

제2장 소극적 자유에 대한 비판

1 이사야 벌린, 「자유의 두 개념」, 『자유론』, 生松敬三 옮김, みすず書房, 1971, pp.312~313.

2 같은 글, p.382.

3 같은 글, p.389.

4 벌린의 다원론에 대해서는, 森達也, 「アイザイア·バーリンの倫理的多元論」, ≪早稻田政治公法硏究≫ 第69號, 2002 참조.

5 이사야 벌린, 「이상의 추구」, 『벌린 선집 4』, 河合秀和 옮김, 岩波書店,

1992, pp.25~26.

6 cf. John Gray, *Two Faces of Liberalism*, The New Press, 2000, pp.66~67.

7 이사야 벌린, 「이상의 추구」, 『벌린 선집 4』, p.27.

8 이사야 벌린, 「자유의 두 개념」, 『자유론』, p.358.

9 Charles Taylor, "What's wrong with negative Liberty," D. Miler(ed.), *Liberty*, Oxford University Press, 1991, p.150.

10 cf. Immanuel Kant, *A Measure of Freedom*, Oxford University Press, 1999, p.45.

11 찰스 테일러, 『불안한 현대사회』, 田中智彦 옮김, 産業圖書, 2004, p.53.

12 이사야 벌린, 「서론」, 『자유론』, pp.81~83 참조.

13 아마티아 센, 『불평등의 재검토』, 池本幸生·野上裕生·佐藤仁 옮김, 岩波書店, 1999, p.70.

14 이사야 벌린, 「자유의 두 개념」, 『자유론』, pp.325~335.

15 프리드리히 엥겔스, 『영국 노동자계급의 상태』, p.190.

16 요한 갈퉁, 『구조적 폭력과 평화』, 高柳先男 外 옮김, 中央大學出版部, 1991, p.5.

17 cf. I. M. Young, *Political Responsibility and Structural Injustice*, forthcoming.

18 北田曉大, 『責任と正義: リベラリズムの居場所』, 勁草書房, 2003 참조.

19 퀀틴 스키너, 『자유주의에 앞선 자유』, 梅津順一 옮김, 聖學院大學出版部, 2001, pp.126~127.

20 cf. Ph. Pettit, *Republicanism: A Theory of Freedom and Government*, Oxford University Press, 1997, pp.18f.

21 리버럴리즘의 사상에서 발견되는 전자의 의미를 조명한 것에 대해서는, 北出良枝, 「自由」, 福田有廣·谷口將紀 엮음, 『デモクラシーの政治學』,

東京大學出版會, 2002 참조.

22 이사야 벌린, 「자유의 두 개념」, 『자유론』, pp.378~379 참조.

23 cf. M. Viroi, *Republicanism*, Hill and Fang, 2002, p.49.

24 cf. Ph. Pettit, *Republicanism: A Theory of Freedom and Government*, pp.27~30.

25 위르겐 하버마스, 『사실성과 타당성』, 제7장 참조.

26 Hannah Fenichel Pitkin, "Are Freedom and Liberty Twins?," *Political Theory*, vol.16, no.4, 1988, pp.523~552.

27 한나 아렌트, 「자유란 무엇인가」, 『과거와 미래 사이』, 齊藤純一 옮김, みすず書房, 1994, p.200.

28 한나 아렌트, 『정치란 무엇인가』, 佐藤和夫 옮김, 岩波書店, 2004, p.6.

29 같은 책, pp.41~42. 강조는 인용자.

30 한나 아렌트, 『혁명론』, 志水速雄 옮김, ちくま學藝文庫, p.39.

31 같은 책, p.43.

32 같은 책, pp.221~228 참조.

33 한나 아렌트, 『어두운 시대의 사람들』, 阿部齊 옮김, ちくま學藝文庫, pp.57~93.

34 로자 룩셈부르크, 「러시아 혁명론」, 『로자 룩셈부르크 선집』 제4권, 清水幾太郎 옮김, 現代思潮社, 1962, pp.255~256.

35 한나 아렌트, 「자유란 무엇인가」, 『과거와 미래 사이』, p.201.

제3장 자유의 재정의

1 한나 아렌트, 『인간의 조건』, 志水速雄 옮김, ちくま學藝文庫, p.368.

2 한나 아렌트, 「자유란 무엇인가」, 『과거와 미래 사이』, pp.222~223.

3 한나 아렌트, 『인간의 조건』, p.368.

4 미셸 푸코, 「주체와 권력」, 西永良成 엮음, 『미셸 푸코 사고집성 IX』, 渥海和久 옮김, 筑摩書房, 2001, p.26.

5 미셸 푸코, 「자유의 실천으로서의 자기에 대한 배려의 윤리」, 石田英敬 엮음, 『미셸 푸코 사고집성 X』, 廣瀨浩司 옮김, 筑摩書房, 2002, p.221.

6 關良德, 『フーコーの權力論と自由論: その政治哲學的構成』, 勁草書房, 2001, 第2章 참조.

7 미셸 푸코, 『성의 역사 II: 쾌락의 활용』, 田村俶 옮김, 新潮社, 1986, pp.97~98. 강조는 인용자.

8 미셸 푸코, 「논쟁, 정치 문제화」, 石田英敬 엮음, 『미셸 푸코 사고집성 X』, 西兼志 옮김, 筑摩書房, 2002. p.51. 강조는 인용자.

9 한나 아렌트, 「진리와 정치」, 『과거와 미래 사이』, 引田隆也 옮김, みすず書房, 1994, pp.303~354; 미셸 푸코, 「진실에의 배려」, 石田英敬 엮음, 『미셸 푸코 사고집성 X』, 湯淺博雄 옮김, 筑摩書房, 2002, pp.170~171. '파레시아'에 대해서는, 아날도 모밀리아노(Arnaldo Momigliano), 「언론의 자유」, 『서양사상대사전 2』, 平凡社, 1990, pp.85~96 참조.

10 드루실라 코넬, 『자유의 마음으로』, 石岡良治 外 옮김, 情況出版, 2001, p.25.

11 같은 책, p.80.

12 Morris B. Kaplan, *Sexual Justice: Democratic Citizenship and the Politics of Desire*, Routledge, 1996, p.224.

13 한나 아렌트, 『어두운 시대의 인간성』, 情仲正昌樹 옮김, 情況出版, 2002, pp.17~18. 강조는 인용자.

14 J. P. Butler, *Excitable Speech: A Politics of the Performative*, Routledge, 1997 참조.

15 주디스 슈클라, 「공포의 리버럴리즘」, p.128. 강조는 인용자.

16 리처드 로티, 『우연성·아이러니·연대성』, 齋藤純一·山岡龍一·大川正彦 옮김, 岩波書店, 2000, p.3~5.

17 아마티아 센, 『불평등의 재검토』, p.59.

18 北田曉大, 『責任と正義: リベラリズムの居場所』, p.239.

19 齋藤純一, 『公共性』, 岩波書店, 2000, pp.9~12, 62~64.

20 이에 대해 자세한 것은, J. P. Butler, *Excitable Speech: A Politics of the Performative*; 齋藤純一, 「現れの消去: 憎惡表現とフィルタリング」, 藤野寛·齋藤純一 엮음, 『表現の<リミット』, ナカニシヤ出版, 2005 참조.

21 cf. J. Rawls, *The Law of Peoples*, Harvard University Press, 1999, pp.37, 105~120.

제4장 자유의 규율

1 이 점에 관해서는, 酒井隆史, 『自由論: 現在性の系譜學』, 青土社, 2001, 第1章; 重田園江, 「ミシェル·フーコーの統治性研究」, ≪思想≫ 870号, 1996; G. Burehell, C. Gordon and P. Miller(eds.), *The Foucault Effect: Studies in Governmentality*, The University of Chicago Press, 1991 등 참조.

2 존 스튜어트 밀, 『대의제통치론』, 水田洋 옮김, 岩波文庫, 1997, pp.84~97.

3 프리드리히 하이에크, 『법 입법 그리고 자유 III』, 渡辺茂 옮김, 春秋社, 1988, pp.226~227.

4 밀 사상에서의 자유와 규율관계는 關口正司, 『自由と陶冶: J. S. ミルとマス·デモクラシー』, みすず書房, 1989, 第5章 참조.

5 cf. Nikolas Rose, *Power of freedom: Reframing Political Thought,* Cambridge University Press, 1999; Mitchell Dean, *Governmentality: Power and Rule in Modern Society*, Sage, 1999.

6 N. Rose, *Power of freedom: Reframing Political Thought*, pp.89~93.

7 W. E. Connolly, *Identity/Difference: Democratic Negotiations of Political Paradox*, Cornell University Press, 1991, pp.38~39.

8 아마티아 센, 『불평등의 재검토』, pp.96~99 참조.

9 W. E. Connolly, *Identity / Difference: Democratic Negotiations of Political Paradox*, p.40.

10 P. H. Collins, *Fighting Words: Black Women and the Search for Justice*, University of Minnesota Press, 1998, p.35.

11 지그문트 바우만, 『정치의 발견』, pp.15~25; 테사 모리스 스즈키, 『자유를 견디다』, pp.205~208 참조.

12 마이클 왈저, 『정치와 정념: 보다 평등한 리버럴리즘으로』, 齋藤純一·谷澤正嗣·和田泰一 옮김, 風行社, 2006, 제6장 참조.

13 몽테스키외, 『법의 정신 (상)』, 野田良之 外 옮김, 岩波書店, 1987, pp.33~46.

14 앨버트 O. 허쉬만, 『정념의 정치경제학』, 佐々木毅·旦祐介 옮김, 法政大學出版局, 1985, pp.62~66 참조.

15 齋藤純一, 「社會の分斷とセキュリテイの再編」, ≪思想≫ 925号, 2001 참조.

16 齋藤純一, 「都市空間の再編と公共性」, 間宮陽介 編, 『都市都市の再生を考える 1: 都市とは何か』, 岩波書房, 2005 참조.

제5장 자유와 안전

1 ≪朝日新聞≫, 2005.10.29 朝刊.

2 뱅자맹 콩스탕, 「근대인의 자유와 비교한 고대인의 자유에 대하여」, 大石明夫 옮김, ≪中京法學≫ 33권 3·4 합병호, 1999, p.173.

3 小畑俊太郎, 「初期ベンサムにおける自由と統治」, ≪東京都立大學法學會雜誌≫ 第44卷 1号, 2003 참조.

4 한나 아렌트, 「자유란 무엇인가」, 『과거와 미래 사이』, pp.201~203.

5 같은 글, p.211.

6 미셸 푸코, 『성의 역사 1: 앎의 의지』, 渡辺守章 옮김, 新潮社, 1986, p.173.

7 미셸 푸코, 「치안과 국가」, 松浦壽輝 엮음, 『미셸 푸코 사고집성 VI』, 石田靖夫 옮김, 筑摩書房, 2000, p.538.

8 에티엔 발리바르, 『시민권의 철학: 민주주의의 문화와 정치』, 松葉祥一 옮김, 青年社, 2000, pp.48~51 참조.

9 東浩紀·大澤眞幸, 『自由を考える: 9.11以降の現代思想』, NHK出版, 2003, pp.31~39 참조.

제6장 자유와 공공성

1 밀턴 메이어, 『그들은 자유롭다고 생각했다』, 田中浩·金井和子 옮김, 未來社, 1983 참조.

2 한나 아렌트, 「진리와 정치」, 『과거와 미래 사이』, p.329.

3 B. Ackerman and J. S. Fishkin, *The Deliberation Day*, Yale University Press. 2004, pp.3~39; 篠原一, 『市民の政治學: 討議モデクラシーとは何か』, 岩波新書, 2004, pp.159~168 참조.

4 허버트 하트, 「롤스의 자유와 그 우선성」, 『권리 공리 자유』, 小林公 옮김, 木鐸社, 1987, pp.221~259.

5 井上達夫, 『他者への自由: 公共性の哲學としてのリベラリズム』, 創文社, 1999, pp.210~211.

6 존 롤스, 『공정으로서의 정의』, pp.338~341 참조.

7 리처드 로티, 『우연성·아이러니·연대성』, 齋藤純一·山岡龍一·大川正彦 옮김, 岩波書店, 2000, 제4장 참조

8 아렌트의 'natality'의 개념에 대해서는, 森川輝一, 「'出生'について: アーレトにおける政治的なるものの'はじまり'」, ≪思想≫ 958号, 2004 참조.

9 한나 아렌트, 「자유란 무엇인가」, 『과거와 미래 사이』, p.227. 강조는 인용자.

10 한나 아렌트, 『인간의 조건』, p.288.

11 현현과 표상의 관계에 대해서는, 齊藤純一, 「表象の政治 / 現われの政治」, ≪現代思想≫ vol.25-8, 1997 참조.

12 한나 아렌트, 『정신의 생활(상)』, p.160 이하.

13 로버트 노직, 『아나키에서 유토피아로』, 嶋津格 옮김, 木鐸社, 1995, pp.48~52.

14 아마티아 센, 『빈곤과 기아』, 黒崎卓·山崎幸治 옮김, 岩波書店, 2000, pp.1~10 참조.

15 J. Rawls, *A Theory of Justice*, Harvard University Press, 1971, pp.216~221; 마이클 왈저, 『관용에 대하여』, 大川正彦 옮김, みすず書房, 2003, pp.126~129 참조.

결론을 대신하여

1 cf. Judith N. Shklar, *Two Faces of Injustice*, Yale University Press, 1992.

지은이 사이토 준이치

1958년 출생. 와세다대학 대학원 정치학연구과 박사과정을 수료하고, 요코하마 국립대학 경제학부 교수를 거쳐, 현재 와세다대학 정치경제학술원 교수로 재직 중이다. 정치이론·정치사상사 전공.
저서로는 『민주적 공공성(公共性)』(岩波書店, 2003), 『정치와 복수성(政治と複數性)』(岩波書店, 2008) 등이 있으며, 편저에 『친밀권의 정치(親密圈のポリティクス)』(ナカニシヤ出版, 2003), 『복지국가 / 사회적 연대의 이유(福祉國家 / 社會的連帶の理由)』(ミネルヴァ書房, 2004), 『공공성의 정치이론(公共性の政治理論)』(ナカニシヤ出版, 2010), 『인권의 실현(人權の實現)』(法律文化社, 2011) 등이 있다.

옮긴이

이혜진 한국외국어대학교 철학과를 졸업하고, 동 대학원 국어국문학과에서 박사과정을 수료했다. 현재, 도쿄외국어대학 총합국제학연구원에서 연구원으로 공부 중이다.

김수영 동덕여자대학교 국어국문학과를 졸업하고, 동 대학원에서 박사과정을 수료했다. 현재, 번역가로 활동하며 박사학위 논문을 준비 중이다.

송미정 단국대학교 국어국문학과를 졸업하고, 국민대학교 국어국문학과에서 박사학위를 취득했다. 현재, 대학 강사 및 번역가로 활동 중이다.

한울아카데미 1348

자유란 무엇인가

벌린, 아렌트, 푸코의 자유 개념을 넘어

지은이 | 사이토 준이치
옮긴이 | 이혜진·김수영·송미정
펴낸이 | 김종수
펴낸곳 | 도서출판 한울
편집책임 | 김현대
표지디자인 | 이희영

초판 1쇄 인쇄 | 2011년 4월 15일
초판 1쇄 발행 | 2011년 5월 2일

주소 | 413-756 파주시 교하읍 문발리 535-7 302(본사)
121-801 서울시 마포구 공덕동 105-90 서울빌딩 1층(서울 사무소)
전화 | 영업 02-326-0095, 편집 031-955-0606, 02-336-6183
팩스 | 02-333-7543
홈페이지 | www.hanulbooks.co.kr
등록 | 1980년 3월 13일, 제406-2003-051호

Printed in Korea.
ISBN 978-89-460-5348-9 93340(양장)
ISBN 978-89-460-4432-6 93340(학생판)

* 가격은 겉표지에 표시되어 있습니다.
* 이 도서는 강의를 위한 학생판 교재를 따로 준비하였습니다.
강의 교재로 사용하실 때에는 본사로 연락해주십시오.